现代汉语（上）

普通高等教育"双一流"建设汉语国际教育专业"十四五"规划留学生培养系列教材

中国人民大学"2018年中央高校建设世界一流大学（学科）和特色发展引导专项资金"资助成果

主编 ◎ 李禄兴

章欣　李禄兴 ◎ 编著

华中科技大学出版社
http://www.hustp.com
中国·武汉

内 容 简 介

《现代汉语(上)》专门为汉语言专业本科留学生必修课程"现代汉语Ⅰ"编写,在充分遵循第二语言教学规律的前提下,紧密围绕专业培养目标和外国留学生的实际特点,力求概念解释清楚、叙述简单明了、例子精当易懂、练习丰富实用,突出教材的规范性、科学性、针对性和易学性。

教材主要内容为语音、汉字、词汇部分,通过对基本知识的讲解,辅之以丰富的练习形式,使学生掌握现代汉语的基本原理。

图书在版编目(CIP)数据

现代汉语.上/章欣,李禄兴编著.—武汉:华中科技大学出版社,2020.12
ISBN 978-7-5680-6823-9

Ⅰ.①现… Ⅱ.①章… ②李… Ⅲ.①现代汉语-对外汉语教学-教材 Ⅳ.① H195.4

中国版本图书馆 CIP 数据核字(2020)第 262553 号

现代汉语(上)　　　　　　　　　　　　　　　　　章　欣　李禄兴　编著
Xiandai Hanyu(Shang)

策划编辑:宋　焱
责任编辑:张汇娟　宋　焱
封面设计:廖亚萍
版式设计:赵慧萍
责任校对:李　弋
责任监印:周治超

出版发行:华中科技大学出版社(中国·武汉)　　电话:(027)81321913
　　　　　武汉市东湖新技术开发区华工科技园　　邮编:430223

录　　排:华中科技大学出版社美编室
印　　刷:武汉科源印刷设计有限公司
开　　本:787mm×1092mm　1/16
印　　张:11.75　插页:1
字　　数:191千字
版　　次:2020年12月第1版第1次印刷
定　　价:38.00元

本书若有印装质量问题,请向出版社营销中心调换
全国免费服务热线:400-6679-118　　竭诚为您服务
版权所有　侵权必究

序

目前国内针对本科留学生"汉语言"和"汉语言文学"两个专业的教材为数不多,但随着留学生数量的增加,对教材的需求越来越大。因此,编写出适用、具有针对性且符合时代发展需要的本科专业教材,不仅有利于教学质量和效率的提高,也将成为推动汉语国际教学事业发展和学科建设的一项重要任务。经过认真研究,中国人民大学文学院对外汉语教学中心决定编写这套"新动力汉语"留学生本科系列教材,包括《现代汉语》(上、下)、《唐诗赏析》共3册。今后还会陆续增加相应的教材,以涵盖培养方案中的全部课程。这套教材的编写获得了中国人民大学"2018年中央高校建设世界一流大学(学科)和特色发展引导专项资金"的支持。

《现代汉语》(上、下)为该专业必修课程"现代汉语"编写,在充分遵循第二语言教学规律的前提下,紧密围绕专业培养目标和外国留学生的实际特点,力求概念解释清楚、叙述简单明了、例子精当易懂、练习丰富实用,突出教材的规范性、科学性、针对性和易学性。上册主要内容为语音、汉字、词汇部分,通过对基本知识的讲解,辅之以丰富的练习形式,让学生掌握现代汉语的基本原理。每周2课时,按每个学期实际上课15周计,共计30课时左右。下册主要内容为现代汉语语法,结合留学生学习汉语的偏误,进行深入浅出的讲解,对于提高留学生汉语言知识和汉语交际技能都有重要帮助。设计课时为每周

3课时,共用45课时完成。当然,教师可以根据学生的学习水平和教学特点的需要,进行灵活调整。

《唐诗赏析》教材切合留学生汉语水平,多选取清雅、优美、富于神韵的近体诗和篇幅短小的绝句及五律,兼顾作者、主题、体裁的多种多样,风格情调的多姿多彩,分唐诗知识、原诗、拼音、注释、汉译、英译、赏析、练习等若干部分,既帮助学生学习和理解汉语文化,又能提高学生中国文学的修养和审美品位,力求在普及通俗中见出高雅,"通而不俗"。该教材既可以作为"汉语言"和"汉语言文学"专业必修课、选修课教材,也可作为其他专业的公选课教材。设计为每周2课时,总计30课时。

"新动力汉语"留学生本科系列教材注重定位的准确性,在教学大纲的指导下,教学内容兼顾学习者汉语水平和未来专业发展需要,教材的结构设计、内容的选择、注释和说明、习题的编制、课文的长短等等,从宏观到微观,力求时时处处站在学习者的角度,用学习者的眼光来加以衡量和取舍。同时教材设计和编写从理论到实践、从体例编创到各环节的组织和安排,都考虑与以往教材的联系与区别,充分吸收以往教材编写的成功经验,认真考虑所编教材整体或局部的创新之所在。

这套教材的出版得到了中国人民大学文学院的大力支持,同时得到了华中科技大学出版社的高度重视。编辑宋焱同志做了大量细致的工作,提出了很多宝贵建议。参与编写的教师们本着精益求精的学术态度,在承担繁重教学任务的同时高质量地完成了编写工作。在此一并致谢!由于编写水平的局限,书中难免出现一些错误和纰漏,希望使用者提出宝贵意见和建议。

李禄兴
于中国人民大学人文楼
2019年3月6日

目 录

第一章 绪论

第一节　现代汉语概说/3
第二节　现代汉语的推广/8

第二章 语音

第一节　语音概说　　/13
第二节　声母　　　　/27
第三节　韵母　　　　/39
第四节　声调　　　　/55
第五节　音节　　　　/65
第六节　音变　　　　/72
第七节　语调　　　　/82

第三章 汉字

第一节 汉字概说 /91
第二节 现代汉字 /103
第三节 汉字的规范化和现代化 /115

第四章 词汇

第一节 词汇概说 /129
第二节 词义 /140
第三节 现代汉语词汇的组成 /151
第四节 字典和词典 /167

附录 复习与练习参考答案/177

参考文献/178

第一章 绪 论

第一节　现代汉语概说

学习要点

- 现代汉语的含义
- 现代汉民族共同语的形成
- 现代汉语方言的分布

一、什么是现代汉语

现代汉语是现代汉民族用来交际的语言，也是中华各民族之间的通用语言，还是世界华人社会共同使用的语言。其使用人数超过十亿，是当今世界使用人口最多的一种语言。

现代汉语有狭义和广义之分。狭义的现代汉语指的是现代汉民族的共同语——普通话；广义的现代汉语包括普通话和不同地域使用的方言。

普通话是以北京语音为标准音，以北方话为基础方言，以典范的现代白话文著作为语法规范的标准语。它是中国法定的全国通用的标准语形式，也是作为第二语言或外语来学习时所使用的交际工具。普通话在语音、词汇、语法平面的标准有以下几个方面。

1. 语音方面，以北京语音为标准音

北京历史悠久，几百年来一直是中国政治、经济和文化的中心。北京话在汉民族共同语的发展过程中，自然成为各地人们学习的对象，北京语音作为普通话的语音标准也是历史的必然选择。需要说明的是，普通话以北京语音为标准音，是指声母、韵母、声调系统与北京语音保持一致，而不是吸收北京话的所有语音，因为北京话仍是一种方言，不是规范的语言，普通话语音并不完全等同于北京语音。

2. 词汇方面，以北方话为基础方言

在汉语的各种方言中，北方话最具优势，原因有三：一是使用人口多，二是通行地域广，三是内部差别小。一方面，以北方话为基础方言显然有利于共同语的发展；另一方面，中国文学史上极具影响的明清小说，如《水浒传》、《三国演义》、《西游记》、《儒林外史》、《红楼梦》等，基本都是用以北方话为基础的白话文写成的。这些文学作品的广泛流传，在客观上促进了北方话在全中国的传播，为汉民族共同语书面形式的建立奠定了基础。

3. 语法方面，以典范的现代白话文著作为规范

典范的现代白话文著作，是经过现代著名作家加工的规范化的书面语言，影响力大，用语相对规范，逻辑表达清晰。以这些代表性著作的一般用例（非特殊用例）为语法规范，既可以消除不同作家在语法表达上的分歧，又能够减少方言色彩太重的语法形式或口语中随意的不稳定成分，使普通话的表达方式更加完善、精准，对于现代汉民族语言的健康发展具有很强的示范意义和积极的推动作用。

二、现代汉语的形成

语言有口语和书面语两种形式：前者是人们口头上使用的语言，后者是用文字传递信息的形式。在现代汉民族共同语言漫长的历史发展中，书面语和口语的形成过程略有不同。

1. 现代汉语书面语的形成

古代汉语的书面语在先秦时期与口语是基本一致的，如《诗经》、《论语》都比较接近当时的口语。汉魏以来，人们写作时刻意模仿先秦的语言，逐渐形成了与口语脱节的书面语——文言文。隋唐五代，出现了一种与当时的口语较为接近的新的书面语——白话文。此后，大量的白话文学作品不断涌现，影响力日增，如元曲和明清小说等。这种白话成为现代汉民族共同语书面形式的主要来源。

2. 现代汉语口语的形成

汉语源远流长，不同历史时期都有当时统一的口语形式，如春秋时期的"雅言"、汉代的"通语"等。明清时期，在白话文学作品大量出现的同时，各级官吏使用的交际语言"官话"，即以北京话为代表的北方话，逐渐成为各方言区之间的交际工具。这就是现代汉民族共同语口头形式的来源。

3. 五四运动促进文白合流

20世纪早期，五四运动发起了"白话文运动"和"国语运动"。前者动摇了文言文的统治地位，为白话文在书面上取代文言文创造了条件；后者在口语方面强调了北京话的代表性，促使北京语音成为汉民族共同的标准音。这两个运动相互影响，共同促进了书面语和口语的统一，现代汉民族共同语逐渐形成。

三、现代汉语方言

由于政治、地理、经济、文化等因素的影响，汉语在历史发展中形成了许多地域方言。这些方言内部具有完整的语音、词汇和语法结构，能够满足当地社会交际的需要。但是，方言之间却存在诸多明显差异。一般来说，语音的差异最大，语法的差别最小。

根据方言的主要特征，特别是语音方面的特点，汉语方言可分为七大方言区：北方方言、吴方言、湘方言、赣方言、客家方言、闽方言和粤方言。

1. 北方方言

北方方言也称北方话、官话，以北京话为代表，是普通话的基础方言，在七大方言区中分布范围最广，使用人口约占汉族总人口的73%。下分四个次方言区。

(1) 华北-东北方言：分布在北京、天津、河北、河南、山东、辽宁、吉林、黑龙江、内蒙古部分地区，以及江苏北部徐州和安徽北部蚌埠一带。

(2) 西北方言：分布在山西、陕西、甘肃、青海、宁夏、内蒙古部分地区、新疆。

(3) 西南方言：分布在四川、云南、贵州、湖北大部分地区、广西西北部、湖南西北部。

(4) 江淮方言：分布在安徽、江苏长江以北、镇江以西九江以东的长江南岸沿江一带。

2. 吴方言

吴方言也叫江浙话，以苏州话（也有观点认为是上海话）为代表。分布在上海、江苏长江以南、镇江以东（不包括镇江）、南通小部分、浙江大部分地区。使用人口约占汉族总人口的7.2%。

3. 湘方言

湘方言也叫湖南话，以长沙话为代表。分布在湖南大部分地区（西北角除外）。使用人口约占汉族总人口的3.2%。湘方言内部分歧很大，存在新湘语和老湘语的差别，新湘语受北方方言（西南方言）影响较大。

4. 赣方言

赣方言也称江西话，以南昌话为代表。分布在江西省大部分地区（东北沿长江地区和南部除外）。使用人口约占汉族总人口的3.3%。

5. 客家方言

客家方言以广东梅县话为代表，分布在广东、广西、福建、江西、台湾等地区，以及湖南、四川的少部分地区。使用人口约占汉族总人口的3.6%。客家人是历史上从中原地区迁徙到南方的，虽然居住分散，但方言内部差别不大。在海外，说客家方言的华人主要分布在马来西亚、印度尼西亚、泰国、越南等地。

6. 闽方言

闽方言主要分布在福建、海南、广东潮汕和雷州半岛地区、浙江南部、广西、台湾等地，使用人口约占汉族总人口的5.6%。与其他方言相比，闽方言内部差异最大，闽东、闽南、闽北、闽中、莆仙五个次方言区分别以福州话、厦门话、建瓯话、永安话、莆仙话为代表。海外使用闽方言的华人，主要分布在新加坡、马来西亚、菲律宾、印度尼西亚等地。

7. 粤方言

粤方言也称广东话，当地人叫"白话"，以广州话为代表。分布在广东、广西大部分地区以及香港、澳门特别行政区。使用人口约占汉族总人口的4.1%。海外华人中以粤语为母语的也很多，主要分布在北美、大洋洲、东南亚等多个国家或地区。

总的来看，汉语各方言与普通话的差别有大有小：闽方言和粤方言跟普通话的差别最大，吴方言次之，客家方言、赣方言、湘方言与普通话的差别要小一些，而北方方言是普通话的基础方言，跟普通话的差别最小。

【复习与练习（一）】

第二节　现代汉语的推广

学习要点

- 推广普通话的方针与措施
- 现代汉语的地位以及国际推广形势

一、普通话的推广

普通话是现代汉民族的共同语。《中华人民共和国宪法》第19条明确规定："国家推广全国通用的普通话。"

20世纪50年代，推广普通话的工作方针是"大力提倡，重点推行，逐步普及"；到了90年代，工作方针调整为"大力推广，积极普及，逐步提高"。几十年以来，普通话推广工作取得了显著成绩，普通话作为通用语的影响与日俱增，使用的范围日渐扩大，在消除方言隔阂、促进各民族交流方面发挥了重要作用。然而必须明确的是，推广普通话尽管会影响到方言的使用，但并不意味着方言的消亡。方言作为某个地区的交际工具，仍然会长期存在。我们既要尊重普通话作为汉民族共同语和全中国通用语的地位，也要重视各地方言的特殊价值。

为了更加有效地开展普通话推广工作，不断提高全社会的普通话水平，从

1995年起,中国开始对一定范围内的岗位人员进行普通话水平测试,如中小学教师、师范院校教师、高校文科教师、播音员、节目主持人等,对他们掌握和运用普通话所达到的规范程度进行测查和评定。普通话水平等级分为三级六等,即一级、二级、三级,每个级别包括甲、乙两个等次;一级甲等为最高,三级乙等为最低。根据各行业的规定,从业人员的普通话水平必须达到相应的要求,如:国家公务员的普通话水平不低于三级甲等;中小学教师的普通话水平不低于二级;国家级和省级广播电台、电视台的播音员、节目主持人,普通话水平应达到一级甲等。从事汉语作为第二语言教学的教师,普通话水平不低于二级甲等,这一规定确保了普通话成为各地、各级学校或机构的对外汉语教学语言,促进各国汉语学习者交往时使用普通话,减少语言交际的困难,加强国际交往。

二、汉语的国际推广

汉语是世界上历史悠久、使用人口较多的语言之一,在国际社会具有很大的影响。

历史上,汉语对日本语、朝鲜语、越南语的影响很大。这些语言从汉语中吸收了大量的词汇,甚至在汉语词的基础上产生了很多新词;其所创文字也深受汉字影响,现行的文字书写系统也与汉字有着某种关联。

1973年,汉语被联合国大会列为六种工作语言之一(另外五种是英语、法语、俄语、西班牙语、阿拉伯语),在国际交往中发挥着重要作用。

改革开放以来,随着中国经济的快速发展以及综合国力的不断提升,全球学习汉语的需求日益增长。为了适应汉语国际推广的新形势,从2004年起,中国在海外设立了以增进世界人民对中国语言和文化的了解、促进世界多元文化发展为宗旨的孔子学院。截至2018年,已建立548所孔子学院和1193个孔子课堂,遍布全球154个国家(地区)。14年来,孔子学院累计培养、培训各类学员1100万人,助力60多个国家将汉语纳入国民教育体系,带动全球学习使用汉语者达1亿人,逐步形成了各具特色的办学模式,成为各国学习汉语文化、了解当代中国的重要场所。

为测试母语非汉语者（包括外国人、华侨和中国国内少数民族人员）运用汉语进行交际的能力，中国专门设立了汉语水平考试（HSK），于1990年正式推广。2009年，为更好地服务于汉语学习者，在充分调查、了解海外实际汉语教学情况的基础上，新汉语水平考试（HSK）开始组织实施，包括HSK一级、HSK二级、HSK三级、HSK四级、HSK五级和HSK六级。目前，HSK已成为留学中国的通行证、申请来华留学奖学金的必备条件和学校教学评估的重要手段，并被越来越多国家的政府部门和跨国企业作为员工招聘、提薪和晋升的重要依据。

【复习与练习（二）】

第二章

语　音

第一节 语音概说

> **学习要点**
>
> - 语音的物理属性、生理属性、社会属性
> - 语音单位：音素、音节、音位
> - 语音单位的构成：元音和辅音，声母、韵母和声调
> - 《汉语拼音方案》的基本内容

一、语音的性质

语音是语言的物质外壳，是语言的外部形式，是由人的发音器官发出的表达一定意义的声音。它同自然界的其他声音一样，是由物体的振动产生的，具有物理属性；同时，语音是由人的发音器官发出来的，还具有生理属性；更为重要的是，语音能够表达一定的意义，语音形式与意义之间的对应关系是由使用该语言的交际群体约定俗成的，因此语音又具有社会属性。

（一）语音的物理属性

从声学的角度来看，语音和其他声音一样，都具有音高、音强、音长、音色四个物理特性。

1. 音高

音高指的是声音的高低，由发音体振动频率的大小决定。在同一时间内，振动的次数越多，声音就越高（如图 2-1 所示的 A 音）；振动的次数越少，声音就越低（如图 2-1 所示的 B 音）。语音的高低跟人的声带长短、厚薄、松紧有关。一般来说，男性的声带比女性的声带长一些、厚一些，所以男性的声音比女性的声音低。

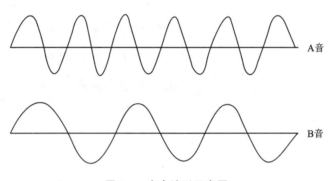

图 2-1　音高波形示意图

音高对于汉语来说是非常重要的，因为音高的不同会引起声调的变化，声调在汉语中具有区别意义的作用。例如 mā（妈）、má（麻）、mǎ（马）、mà（骂），音高不同，意义也不一样。对于母语中没有音高变化的学习者而言，汉语的声调是学习的一个难点。

2. 音强

音强指声音的强弱，取决于发音体振动幅度的大小，而发音体的振幅与发音时是否用力相关。发音时用力越大，发音体的振幅就越大，声音就越强；反之，发音时用力越小，发音体的振幅就越小，声音就越弱。图 2-2 中，A 音振幅大于 B 音，A 音比 B 音强。

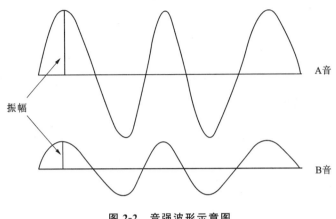

图 2-2　音强波形示意图

在语言系统中，轻音、重音是由音强的不同造成的。普通话的轻声词中，前一个音节读得重，后一个音节读得轻，例如"杯子""爸爸""我们""看看"等。英语单词的重音，如"record [ˈrekɔːd]（唱片）""record [rɪˈkɔːd]（记录）"，重音位置不同，意义也有所差异。①

3. 音长

音长指声音的长短，取决于发音体振动的时间。振动时间越长，声音越长；振动时间越短，声音越短。

音长对于汉语普通话来说不是很重要的特征，因为普通话一般不靠声音长短来区别意义。但在有些语言中，长短音具有区别意义的作用。如英语中的"ship [ʃɪp]（船）"和"sheep [ʃiːp]（绵羊）"是不同的词，前一个词的 [ɪ] 是短元音，而后一个词的 [iː] 是长元音。

4. 音色

音色也叫"音质"，是声音的特色、特质，是一个声音区别于其他声音的

---

①　本书凡是 [ ] 中的记音符号都是国际音标，没有加 [ ] 的是汉语拼音。

根本特点。音色的不同体现为音波振动形式的差异。造成不同音色的因素主要有发音体、发音方法和共鸣器形状。

就人的发音而言，发音体就是声带，每个人的声带不同，声音也各具特色。发音方法的不同，主要体现在辅音的发音上。如普通话中塞音 g[k] 和擦音 h[x] 的区别在于，前者是爆发成声，后者是摩擦成声。共鸣器形状造成音色的不同，主要体现在元音上，如元音 i[i] 和 ü[y] 的音色差异，就是由口腔形状的差异造成的。

任何语音都是音高、音强、音长、音色的统一体。其中，音色在每种语言中都起着非常重要的作用，因为它是语言用来区别意义的最基本的特征；其他三个物理特性的地位却不尽相同。在普通话中，音高极为重要，它决定汉语的声调；音强是次要的，它对轻声有决定性作用。在英语中，音强和音长是主要的，在语音特征上的表现为重音和长短音，而音高则没有区别意义的作用。

（二）语音的生理属性

从生理角度说，发音器官的活动方式不同、活动部位不同可形成不同的语音。人类的发音器官分为三个部分（见图 2-3）。

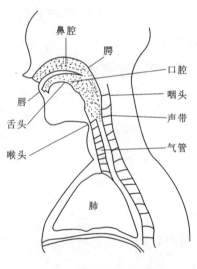

图 2-3　发音器官示意图

1. 发音的动力部分——肺

由肺的呼吸作用形成的气流是产生语音的基本动力，经过气管、支气管，气流到达喉头。肺部呼出气流的多少与音强相关：呼出的气越多，声音就越强；呼出的气越少，声音就越弱。如发"奶奶（nǎinai）"音时，前一个音节的气流量要多于后一个音节，从而形成了轻重的差异。

2. 发音的声源部分——声带

从肺部呼出的气流通过喉头时，如果声带放松，声门打开，声带不振动，发出的是清音；如果声带拉紧，声门关闭，声带振动，发出的就是浊音。元音发音时都振动声带，都是浊音。辅音有的不振动声带（如普通话中的 d、t），为清音；有的振动声带（如普通话中的 m、n），是浊音。

声带和音高的关系最为密切。声带放松，声音变低；声带拉紧，声音就变高。

3. 发音的调节和共鸣部分——声腔

声腔包括喉腔、咽腔、口腔和鼻腔。说话时，气流通过咽腔后可以形成三种类型的语音：① 如果声音只从口腔发出，或者说只在口腔中共鸣，这样的音就是口音，如普通话的 a、o、e 以及 b、p、d、t 等；② 如果声音只从鼻腔发出，这样的音就是鼻音，如普通话的 m、n；③ 如果声音同时在口腔和鼻腔共鸣，这样的音就叫鼻化音（也叫"半鼻音"或"口鼻音"），汉语有的方言中一些韵母就是鼻化音。

（三）语音的社会属性

语音能够表达一定的意义，这是语音区别于其他声音的本质属性。这种表示意义的社会属性主要体现在两个方面：

第一，语音和意义之间的联系是约定俗成的。同样的意义，在不同的语

言中用不同的语音表示，如"门"，在普通话中读 mén [mən]，在英语中是 door [dɔːr]，在韩语中是문 [mun]。另外，同样的语音形式可以用来表示不同的意义。如 yóu 这个音节，可以表示"由""油""游""邮""犹"等多个意义。

第二，语音具有系统性，即不同民族的语言或方言之间有不同的语音系统。有的语言或方言有某个音，而另一些语言或方言中没有。如普通话有 j、q、x，英语没有；英语中有舌叶音，普通话中没有。有的语言或方言中某些音有对立关系，而另一些语言或方言没有。比如，普通话有送气音和不送气音的对立，英语没有；英语的塞音、塞擦音有清浊的对立，而普通话没有。有的语言或方言中某些音能够组合，而在另一些语言或方言中不能。例如，英语中擦音 [s] 和塞音 [p]、[t]、[k] 可以构成复辅音，如 speak、study、sky，汉语则不能。

二、语音的单位

（一）音素

音素是从音色角度划分出来的最小的语音单位。如"dɑ [tA]"可以划分为 [t] 和 [A] 两个音素；"chen [tʂʰən]"包含 [tʂʰ]、[ə] 和 [n] 三个音素。根据音色的不同，音素可以分为元音和辅音两大类。

元音是气流通过口腔时不受发音器官阻碍而发出的响亮的声音，如 ɑ [a]、o [o]、e [ɤ]、i [i]、u [u]、ü [y] 等；发元音时声带振动。

辅音是气流通过口腔或鼻腔时受到发音器官阻碍而形成的声音，如 b [p]、p [pʰ]、z [ts]、ch [tʂʰ]、m [m] 等；发清辅音声带不振动，发浊辅音声带振动。

元音和辅音的区别可见表 2-1，其中气流是否受阻是二者最主要的区别。

表 2-1　元音和辅音的区别

	元音	辅音
气流受阻	否	是
声带振动	是	清辅音：否；浊辅音：是
发音器官紧张度	均衡紧张	受阻部位特别紧张
气流强弱	弱	强

（二）音节

音节是由音素组成的语音片段，是听觉上自然感到的最小的语音单位。从生理上看，每发一个音节，发音器官的肌肉就会紧张一次；紧张几次就是几个音节。从语音和汉字的关系上看，汉语中一个音节一般用一个汉字表示，几个汉字就是几个音节（儿化音除外，后缀"儿"和前面一个字合读一个音节）。例如，"我是韩国留学生"有 7 个音节，"那朵花儿真漂亮"有 6 个音节，"他有个女儿"有 5 个音节。

根据汉语传统的音韵学，一个音节可以划分为声母、韵母、声调三个部分。

声母是一个音节开头的辅音。例如，"nǐ（你）""tóng（同）"两个音节的声母分别是 n、t。有的音节开头没有辅音，如"ān（安）"，这样的音节叫作零声母音节。

韵母是一个音节中声母后面的部分。例如，"nǐ（你）""tóng（同）"两个音节的韵母分别是 i、ong。前一个韵母只由元音构成，而后一个韵母由元音和辅音共同构成。

声调是音节中依附在声韵结构中的具有区别意义作用的音高变化。例如，"nǐ（你）"的音高是从高到低、再由低到高，这种先降后升的音高变化格式，就是"nǐ（你）"的声调。普通话的基本声调有阴平［55］、阳平［35］、上声［214］和去声［51］四种。

> **注意：**
>
> "元音、辅音"和"声母、韵母"是两套不同的术语，它们之间不是一一对应的。元音、辅音是现代语音学的基本概念，是从音色的角度对语音的划分，适于分析所有的语言；声母、韵母则是中国传统音韵学对汉语音节结构进行分析得出的概念。

（三）音位

音位是一个语音系统中能够区别意义的最小的语音单位，也就是按照语音的辨义作用归纳出来的音类。社会属性是决定音位的重要依据。

一种语言或方言中的音素很多，其中有的可以区别意义，有的不行。把没有区别意义作用、但音色相近的音素归纳在一起，建立一个音类，就是音位。例如，在英语中，[p]和[p^h]不具备区别意义的作用，同时两个音素的语音极为相近，只有细微差别，所以可以归为一个音位/p/[1]。而在普通话中，把"[pA^{55}]"（八）读成"[p^hA^{55}]"（趴），意思发生变化，即[p]和[p^h]区别意义，应该分属/p/和/p^h/两个音位。

音位的归纳主要依据三条原则：

1. 对立原则

对立原则是指把两个不同的音素放在相同的语言环境中，如果能区别意义，这两个音素就处于对立的环境中。处于对立环境的音素必须分属不同的音位。例如，[n]、[l]都可以出现在语音环境[_u^{51}]中，但意义不同：[nu^{51}]表示"怒"，[lu^{51}]表示"路"。这就说明[n]和[l]是对立的，应该归为两个不同的音位/n/和/l/。

2. 互补原则

互补原则是指两个音素永远不在相同的语音环境中出现，可以考虑将它们

---

[1] 为区别音位和音素，用双斜线/ /表示音位标音，方括号[ ]表示音素标音。

归入一个音位。不过,处于互补环境的音素是否归入同一个音位,还需要看它们在语音上是否相似。

3. 语音相似原则

如果某种语言的使用者认为处于互补分布的两个音素在语音上相似,就可以把它们归纳为同一个音位;如果认为它们差异过大,就把它们分析为不同的音位。例如普通话中,[ɿ]、[ʅ]、[i] 互补分布:[ɿ] 只出现在 [ts/tsʰ/s_] 的语音环境中,[ʅ] 只出现在 [tʂ/tʂʰ/ʂ_] 的语音环境中,[i] 出现在除上两个之外的其他语言环境中。在汉族人的音感中,这三个音素语音相似,因此,可以将 [ɿ]、[ʅ]、[i] 归入一个音位/i/。再比如,[f] 与 [tɕ] 在分布上也是互补的,但在汉族人的音感中,二者差异明显,因此,[f] 与 [tɕ] 分属两个音位。

概括起来看,音素和音位都是语音的基本单位。音素是从音色角度划分出来的最小的语音单位,如"huá [xuA](华)"这一音节可以分析出 3 个音素 [x]、[u]、[A]。音位是具体语言中能区别意义的最小的语言单位。一个音位可以只对应一个音素,也可以包括多个音素。如普通话的音位/h/对应一个音素 [x],/i/包括三个音素 [ɿ]、[ʅ]、[i]。一个音位所包含的不同的音素称为音位变体,/i/音位有三个音位变体,在 [ts] 组声母之后是 [ɿ],在 [tʂ] 组声母之后是 [ʅ],在其他声母之后是 [i]。

三、记录语音的符号

为了给汉语记音、给汉字注音,从古到今人们采用过很多记音方法,如用汉字记音的直音法和反切法,用注音字母记音,用拼音字母记音。现在通行的是《汉语拼音方案》和国际音标。

(一)《汉语拼音方案》

《汉语拼音方案》是采用音位标音法来记录普通话语音系统的一套记音符

号。它于1958年由第一届全国人民代表大会第五次会议批准公布,是中国法定的记音方法。

《汉语拼音方案》的基本内容包括字母表、声母表、韵母表、声调符号、隔音符号等五个部分。《汉语拼音方案》的基本用途是给汉字注音和拼写普通话。随着现代信息技术的发展,利用汉语拼音输入汉字被普遍使用。汉语拼音是拼写中国人名、地名的国际标准,是各外文语种在指称中国事物、表达中国概念时的重要依据,成为中国对外交流的文化桥梁。《汉语拼音方案》还可用来帮助母语为非汉语的人学习汉语,从20世纪60年代开始,国内外开始采用汉语拼音教授汉语,大大加快了汉语走向世界的步伐。

《汉语拼音方案》

一、字母表

字母	A a	B b	C c	D d	E e	F f	G g
名称	ㄚ	ㄅㄝ	ㄘㄝ	ㄉㄝ	ㄜ	ㄝㄈ	ㄍㄝ
字母	H h	I i	J j	K k	L l	M m	N n
名称	ㄏㄚ	ㄧ	ㄐㄧㄝ	ㄎㄝ	ㄝㄌ	ㄝㄇ	ㄋㄝ
字母	O o	P p	Q q	R r	S s	T t	
名称	ㄛ	ㄆㄝ	ㄑㄧㄝ	ㄚㄦ	ㄝㄙ	ㄊㄝ	
字母	U u	V v	W w	X x	Y y	Z z	
名称	ㄨ	万ㄝ	ㄨㄚ	ㄒㄧ	ㄧㄚ	ㄗㄝ	

V只用来拼写外来语、少数民族语言和方言。

字母的手写体依照拉丁字母的一般书写习惯。

二、声母表

b	p	m	f	d	t	n	l
ㄅ玻	ㄆ坡	ㄇ摸	ㄈ佛	ㄉ得	ㄊ特	ㄋ讷	ㄌ勒
g	k	h		j	q	x	
ㄍ哥	ㄎ科	ㄏ喝		ㄐ基	ㄑ欺	ㄒ希	
zh	ch	sh	r	z	c	s	
ㄓ知	ㄔ蚩	ㄕ诗	ㄖ日	ㄗ资	ㄘ雌	ㄙ思	

在给汉字注音的时候,为了使拼式简短,zh ch sh可以省作ẑ ĉ ŝ。

三、韵母表

	i ㄧ衣	u ㄨ乌	ü ㄩ迂
a ㄚ啊	ia ㄧㄚ呀	ua ㄨㄚ蛙	
o ㄛ喔		uo ㄨㄛ窝	
e ㄜ鹅	ie ㄧㄝ耶		üe ㄩㄝ约
ai ㄞ哀		uai ㄨㄞ歪	
ei ㄟ欸		uei ㄨㄟ威	
ao ㄠ熬	iao ㄧㄠ腰		
ou ㄡ欧	iou ㄧㄡ忧		
an ㄢ安	ian ㄧㄢ烟	uan ㄨㄢ弯	üan ㄩㄢ冤
en ㄣ恩	in ㄧㄣ因	uen ㄨㄣ温	ün ㄩㄣ晕
ang ㄤ昂	iang ㄧㄤ央	uang ㄨㄤ汪	
eng ㄥ亨的韵母	ing ㄧㄥ英	ueng ㄨㄥ翁	

续表

	i ㅣ衣	u ㄨ乌	ü ㄩ迂
ong （ㄨㄥ）轰的韵母	iong ㄩㄥ雍		

(1) "知、蚩、诗、日、资、雌、思"等七个音节的韵母用 i，即：知、蚩、诗、日、资、雌、思等字拼作 zhi, chi, shi, ri, zi, ci, si。

(2) 韵母儿写成 er，用作韵尾的时候写成 r。例如："儿童"拼作 ertong，"花儿"拼作 huar。

(3) 韵母ㄝ单用的时候写成 ê。

(4) i 行的韵母，前面没有声母的时候，写成 yi（衣），ya（呀），ye（耶），yao（腰），you（忧），yan（烟），yin（因），yang（央），ying（英），yong（雍）。

u 行的韵母，前面没有声母的时候，写成 wu（乌），wa（蛙），wo（窝），wai（歪），wei（威），wan（弯），wen（温），wang（汪），weng（翁）。

ü 行的韵母，前面没有声母的时候，写成 yu（迂），yue（约），yuan（冤），yun（晕）；ü 上两点省略。

ü 行的韵母跟声母 j，q，x 拼的时候，写成 ju（居），qu（区），xu（虚），ü 上两点也省略；但是跟声母 n，l 拼的时候，仍然写成 nü（女），lü（吕）。

(5) iou，uei，uen 前面加声母的时候，写成 iu，ui，un。例如 niu（牛），gui（归），lun（论）。

(6) 在给汉字注音的时候，为了使拼式简短，ng 可以省作 ŋ。

四、声调符号

阴平	阳平	上声	去声
—	/	∨	\

声调符号标在音节的主要母音上。轻声不标。例如：

妈 mā	麻 má	马 mǎ	骂 mà	吗 ma
（阴平）	（阳平）	（上声）	（去声）	（轻声）

五、隔音符号

a，o，e 开头的音节连接在其他音节后面的时候，如果音节的界限发生混淆，用隔音符号（'）隔开，例如：pi'ao（皮袄）。

（二）国际音标

国际音标是国际上最通用的一套语音记录符号，用来记录各种语言的语音。1888年由国际语音学会制定，经过多次修订补充，一直沿用至今。它共有一百多个符号，与音素一一对应，符合"一个符号一个音素，一个音素一个符号"的原则。《汉语拼音方案》只有26个字母，当我们细致记录普通话、方言或少数民族语言时，需用国际音标记音以补充汉语拼音字母的不足。

国际音标简表

一、辅音表

发音方法		发音部位	双唇	唇齿	齿间	舌尖前	舌尖中	舌尖后	舌叶	舌面前	舌面中	舌面后	小舌	喉
塞音	清	不送气	p				t			ȶ	c	k		ʔ
		送气	pʰ				tʰ			ȶʰ	cʰ	kʰ		
	浊		b				d			ȡ		g		
塞擦音	清	不送气		pf		ts		tʂ	tʃ	tɕ				
		送气		pfʰ		tsʰ		tʂʰ	tʃʰ	tɕʰ				
	浊			bv		dz		dʐ	dʒ	dʑ				
鼻音	浊		m	ɱ			n			ȵ	ɲ	ŋ		
颤音	浊					r							R	
闪音	浊					ɾ		ɽ						
边音	浊					l								
擦音	清		ɸ	f	θ	s		ʂ	ʃ	ɕ	ç	x		h
	浊		β	v	ð	z		ʐ	ʒ	ʑ	j	ɣ		ɦ
半元音	浊		w	ɥ	ʋ					j（ɥ）		(w)		

二、元音表

舌位高低	舌位前后 唇形	前		央	后	
		不圆	圆		不圆	圆
高		i	y		ɯ	u
半高		e	ø		ɤ	o

续表

舌位前后 唇形 舌位高低	前		央	后	
	不圆	圆		不圆	圆
中			ə		
半低	ɛ	œ		ʌ	ɔ
低	a	Œ	A	ɑ	ɒ

【复习与练习（三）】

第二节 声 母

学习要点
- 声母的分类
- 声母的发音特点
- 声母的正确发音

声母是一个音节开头的辅音。普通话里有 22 个辅音，可以在音节中充当声母的有 21 个（辅音 ng［ŋ］不能出现在音节的开头）。它们是：

b p m f d t n l g k h
j q x z c s zh ch sh r

除了以上 21 个辅音声母以外，普通话还有一些音节没有辅音声母，如 ān（安）、ēn（恩）、ào（傲）、ōu（欧）、áng（昂）等，这样的音节叫作零声母音节。

一、声母的分类

声母的不同是由发音部位和发音方法两方面的因素造成的。我们可以从这两个角度对声母进行分类。

(一) 声母发音部位的分类

发音部位指的是发音时气流受到阻碍的位置（见图 2-4）。根据发音部位的不同，普通话声母可以分为七类。

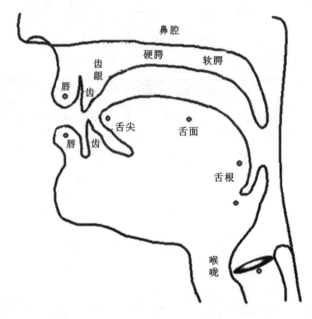

图 2-4 发音部位示意图

(1) 双唇音：b [p]、p [pʰ]、m [m]。双唇音发音时，上唇接触下唇。

(2) 唇齿音：f [f]。唇齿音发音时，上齿接触下唇。

(3) 舌尖前音：z [ts]、c [tsʰ]、s [s]。发舌尖前音时，舌尖轻轻地接触或者接近上齿背。

(4) 舌尖中音：d [t]、t [tʰ]、n [n]、l [l]。发舌尖中音时，舌尖抵住上齿龈。

(5) 舌尖后音：zh [tʂ]、ch [tʂʰ]、sh [ʂ]、r [ʐ]。发舌尖后音时，舌尖抵住或者接近硬腭前部。

(6) 舌面前音：j [tɕ]、q [tɕʰ]、x [ɕ]。发舌面前音时，舌面前部向上抬起，抵住或者接近硬腭的前部。舌面前音也可简称舌面音。

(7) 舌面后音：g [k]、k [kʰ]、h [x]。发舌面后音时，舌面后部隆起，抵住或接近软腭。舌面后音也叫"舌根音"。

(二) 声母发音方法的分类

同样的发音部位能够发出不同的辅音声母，是源于发音方法的不同。发音方法就是指气流受到阻碍或者解除阻碍的方式。声母的发音方法可以从阻碍的方式、声带是否振动、气流的强弱等三个方面来分析。

1. 根据阻碍方式的分类

根据阻碍的方式，可以将普通话的声母分为五类：塞音、擦音、塞擦音、鼻音、边音。

(1) 塞音：b [p]、p [pʰ]、d [t]、t [tʰ]、g [k]、k [kʰ]。发塞音之前，气流受到阻碍的部位相互接触，形成堵塞，气流到达阻碍部位时，冲破阻碍，突然爆发出声音，就是塞音，又称"爆破音"。

(2) 擦音：f [f]、h [x]、x [ɕ]、s [s]、sh [ʂ]、r [ʐ]。发擦音时，气流受到阻碍的部位比较接近，留下一道很小的缝隙，气流从缝隙之间挤压出来，产生摩擦而发出声音。

(3) 塞擦音：j [tɕ]、q [tɕʰ]、z [ts]、c [tsʰ]、zh [tʂ]、ch [tʂʰ]。塞擦音是塞音和擦音两种发音方法快速结合而发出的音。发塞擦音之前，气流受到阻碍的部位相互接触，形成堵塞，气流到达阻碍部位时，先冲出一道很小的缝隙，然后很快地从缝隙之间挤压出来，因摩擦而发出声音。尽管塞擦音是两种发音方法结合形成的声音，国际音标也用两个符号来表示（前一半是塞音，后一半是擦音），但是这两个动作结合得很紧密，从听觉上感知仍然是一个单位，所以是一个音素。

(4) 鼻音：m [m]、n [n]。发鼻音时，口腔中的发音部位全部闭塞，鼻腔通道打开。气流振动声带，从鼻腔发出声音。

(5) 边音：l [l]。发边音时，舌尖轻轻抵住上齿龈，鼻腔通道关闭，气流振动声带，从舌头两边通过。

2. 根据声带是否振动的分类

依据声带是否振动，普通话的声母可以分为浊音和清音两类。

(1)浊音是发音时声带振动的声母。普通话声母有4个浊音：m、n、l、r。

(2)清音是发音时声带不振动的声母。除4个浊音外，普通话的其他17个辅音声母都是清音，分别是b、p、f、d、t、g、k、h、j、q、x、z、c、s、zh、ch、sh。

3. 根据气流强弱的分类

从发音时呼出气流的强弱来看，普通话声母中的塞音和塞擦音可以分为送气和不送气两类。发送气音时，气流比较强；发不送气音时，气流相对弱一些。送气和不送气的塞音、塞擦音呈现出成组对应的关系，如表2-2所示。

表2-2 普通话不送气、送气声母表

	不送气	送气
塞音	b [p]	p [p^h]
	d [t]	t [t^h]
	g [k]	k [k^h]
塞擦音	j [tɕ]	q [$tɕ^h$]
	z [ts]	c [ts^h]
	zh [tʂ]	ch [$tʂ^h$]

二、声母的发音特点

了解了声母的发音部位和发音方法，就可以将二者结合起来，具体说明每个声母的发音特点。一般来说，先描写发音部位，然后说明发音方法；发音方法中，先说明送气与否，再说明清浊，最后说明阻碍方式。换句话说，声母发音特点的描写遵循如下顺序：发音部位＋送气与否＋清/浊＋阻碍方式。下面按照这个顺序逐一说明普通话21个辅音声母的发音特点。

b [p]　　双唇、不送气、清、塞音。例如：

　　　　　bàba　　bǎobèi　　bēibāo　　bùbì　　bǔbàn
　　　　　爸爸　　宝贝　　　背包　　　不必　　补办

p [pʰ]　　双唇、送气、清、塞音。例如：

　　　　　pàopao　　pīpíng　　pīngpāng　　pǐnpái　　pópo
　　　　　泡 泡　　 批 评　　 乒 乓　　　 品 牌　　 婆 婆

m [m]　　双唇、浊、鼻音。例如：

　　　　　māma　　mǎimai　　mèimei　　mìmǎ　　mìmì
　　　　　妈 妈　　 买 卖　　 妹 妹　　 密 码　　 秘 密

f [f]　　唇齿、清、擦音。例如：

　　　　　fǎnfù　　fāngfǎ　　fǎngfú　　fēngfù　　fùfèi
　　　　　反 复　　 方 法　　 仿 佛　　 丰 富　　 付 费

d [t]　　舌尖中、不送气、清、塞音。例如：

　　　　　dàodá　　dāndú　　dìdi　　dìdiǎn　　dìngdān
　　　　　到 达　　 单 独　　 弟 弟　　 地 点　　 订 单

t [tʰ]　　舌尖中、送气、清、塞音。例如：

　　　　　táitóu　　tàitai　　tàntǎo　　tóuténg　　tuántǐ
　　　　　抬 头　　 太 太　　 探 讨　　 头 疼　　 团 体

n [n]　　舌尖中、浊、鼻音。例如：

　　　　　nǎinai　　nánnǚ　　Nánníng　　néngnai　　niúnǎi
　　　　　奶 奶　　 男 女　　 南 宁　　　能 耐　　　牛 奶

l [l]　　舌尖中、浊、边音。例如：

　　　　　lǐlùn　　lìliàng　　liǎng lèi　　liúlì　　luóliè
　　　　　理 论　　 力 量　　 两 类　　　流 利　　 罗 列

g [k]　　舌面后、不送气、清、塞音。例如：

　　　　　gǎigé　　gēge　　gēnggǎi　　gōnggòng　　guǎnggào
　　　　　改 革　　 哥 哥　　 更 改　　　公 共　　　 广 告

k [kʰ]　　舌面后、送气、清、塞音。例如：

　　　　　　kāikǒu　　kāikuò　　kǎnkě　　kěkào　　kèkǔ
　　　　　　开口　　　开阔　　　坎坷　　　可靠　　　刻苦

h [x]　　舌面后、清、擦音。例如：

　　　　　　háohuá　　héhuǒ　　hěn hǎo　　hòuhuǐ　　hùnhé
　　　　　　豪华　　　合伙　　　很好　　　　后悔　　　混合

j [tɕ]　　舌面前、不送气、清、塞擦音。例如：

　　　　　　jījí　　jiāojì　　jiějie　　jiějué　　jùjué
　　　　　　积极　　交际　　　姐姐　　　解决　　　拒绝

q [tɕʰ]　　舌面前、送气、清、塞擦音。例如：

　　　　　　qìqiú　　qiànquē　　qīnqi　　qǐngqiú　　quánqiú
　　　　　　气球　　　欠缺　　　亲戚　　　请求　　　　全球

x [ɕ]　　舌面前、清、擦音。例如：

　　　　　　xiànxiàng　　xiángxì　　xièxie　　xìnxī　　xuéxí
　　　　　　现象　　　　详细　　　　谢谢　　　信息　　　学习

z [ts]　　舌尖前、不送气、清、塞擦音。例如：

　　　　　　zìzài　　zòngzi　　zuòzī　　zuì zǎo　　zǔzong
　　　　　　自在　　　粽子　　　坐姿　　　最早　　　祖宗

c [tsʰ]　　舌尖前、送气、清、塞擦音。例如：

　　　　　　cāicè　　cāngcù　　cǐ cì　　cóngcǐ　　cūcāo
　　　　　　猜测　　　仓促　　　此次　　　从此　　　粗糙

s [s]　　舌尖前、清、擦音。例如：

　　　　　　sèsù　　sī suì　　sīsuǒ　　suǒsuì　　sòng sǎn
　　　　　　色素　　撕碎　　　思索　　　琐碎　　　送伞

zh [tʂ]　舌尖后、不送气、清、塞擦音。例如：

　　　zhēnzhèng　zhèngzhì　zhízhào　zhòngzhí　zhùzhòng
　　　　真正　　　政治　　　执照　　　种植　　　注重

ch [tʂʰ]　舌尖后、送气、清、塞擦音。例如：

　　　chāichú　chāochū　chángcháng　chēchéng　chūchāi
　　　　拆除　　超出　　　常常　　　　车程　　　出差

sh [ʂ]　舌尖后、清、擦音。例如：

　　　shàngshēng　shǎoshù　shíshī　shōushi　shūshì
　　　　上升　　　少数　　　实施　　收拾　　舒适

r [ʐ]　舌尖后、浊、擦音。例如：

　　　réngrán　róngrěn　róng rù　róuruǎn　ruǎnruò
　　　　仍然　　容忍　　融入　　柔软　　软弱

　　汇总以上对声母发音特点的描写，可以列出普通话辅音声母总表（见表2-3）。

表2-3　普通话辅音声母总表

发音方法			发音部位						
			双唇音	唇齿音	舌尖前音	舌尖中音	舌尖后音	舌面前音	舌面后音
塞音	清音	不送气	b [p]			d [t]			g [k]
		送气	p [pʰ]			t [tʰ]			k [kʰ]
塞擦音	清音	不送气			z [ts]		zh [tʂ]	j [tɕ]	
		送气			c [tsʰ]		ch [tʂʰ]	q [tɕʰ]	
擦音		清		f [f]	s [s]		sh [ʂ]	x [ɕ]	h [x]
		浊					r [ʐ]		
鼻音	浊		m [m]			n [n]			
边音	浊					l [l]			

三、声母习得难点分析

每种语言都有特定的语音系统。非汉语母语者学习声母时,对母语中没有的辅音,需要找准普通话声母的发音部位,反复练习发音方法;对于汉语和自己的母语相近的音,更需要仔细甄别。一般来说,学习者习得汉语声母的难点主要有:

(一) 不送气音和送气音

在普通话中,塞音、塞擦音分别有 3 组对应的不送气音和送气音,如 b [p] 和 p [pʰ],z [ts] 和 c [tsʰ]。发不送气音时,气流相对较少、较弱;发送气音时,气流较多、较强,会持续一段时间。汉语中声母的不送气和送气具有区别意义的作用,如"bóbo(伯伯)"和"pópo(婆婆)","zhúzi(竹子)"和"chúzi(厨子)",听感上有差异,意义上有区别。

有些语言没有不送气和送气的对立,如英语、德语、日语、印尼语等,因此不送气音和送气音是大部分学生的学习难点。母语为印欧语或日语、印尼语的学习者可能受到汉语拼音的影响,容易将送气音 p [pʰ]、t [tʰ]、k [kʰ] 发成不送气音 [p]、[t]、[k]。

针对这类偏误,可以利用吹纸、吹蜡烛等方式,强化学生掌握送气的力度。发不送气音,纸张或蜡烛一般没有变化;发送气音,纸张一般会被吹动,或者蜡烛会被吹灭。另外,还可以通过一些辨音练习,加强学生对不送气与送气声母的听辨感知。

zhuāngbèi(装备)— zhuāngpèi(装配)
dùzi(肚子)— tùzi(兔子)
guājiǎng(刮奖)— kuājiǎng(夸奖)
jīngmíng(精明)— qīngmíng(清明)
zūnzhǎng(尊长)— cūnzhǎng(村长)
zhǔzhì(主治)— chǔzhì(处治)

(二) 清音和浊音

普通话的声母只有4个是浊辅音（鼻音m、n，边音l以及擦音r），发音时声带振动；其余声母都是清辅音。

有些语言还有［b］、［d］、［g］、［z］等其他浊辅音，例如英语的［b］(back［bæk］(后面))、［d］(bad［bæd］(不好的))、［g］(gate［geɪt］(大门))、［z］(zeal［ziːl］(热情))。受到母语辅音系统以及拼音符号的影响，学习者习得《汉语拼音方案》中不送气的b、d、g、z等清声母时，容易将其误读为浊音［b］、［d］、［g］、［z］等，从而产生偏误。

为规避这类偏误，学习者需要了解汉语拼音b、d、g、z的发音特点，同时在发音时减少用力。

(三) 舌尖音和舌面音

普通话舌尖前音z、c、s，舌尖后音zh、ch、sh，舌面前音j、q、x这三组声母的发音方法相同，发音部位比较接近：发舌尖前音时，舌尖接触或接近上齿背；发舌尖后音时，舌尖接触硬腭前部；发舌面前音时，舌面前部抵住硬腭前部。换句话说，舌尖前音、舌尖后音的最大区别在于舌尖接触的口腔上部位置不同，前者接触上齿背，后者接触硬腭前部；舌尖后音与舌面后音在口腔上部的位置相同，都是硬腭前部，区别在于舌头的位置有别，前者是舌尖，而后者是舌面前部（见表2-4）。

表2-4 舌尖音和舌面音发音部位表

	舌头位置		口腔上部位置	
	舌尖	舌面前	上齿背	硬腭前部
舌尖前音 z、c、s	＋		＋	
舌尖后音 zh、ch、sh	＋			＋
舌面前音 j、q、x		＋		＋

很多语言的语音系统中没有舌尖后音,也没有舌面前音,学习者习得这些声母时常常发音不到位,或者用母语中相似的音代替。例如母语为英语、法语、德语背景的学习者,常常用音色相近的舌叶音 [dʒ]、[tʃ]、[ʃ] 等代替舌尖后音 zh、ch、sh 或 j、q、x;也有学生会因发音不到位,将 zh、ch、sh 发成舌尖前音 z、c、s。

分辨这三组声母的关键是找准发音部位,区分舌尖、舌面前、舌叶,以及上齿背、硬腭前部这几个口腔部位的不同。在学生基本掌握发音之后,可以通过辨音练习,巩固学习成果。

声母 z 和 zh

zàn(赞)— zhàn(站) zěn(怎)— zhěn(枕)
zuó(昨)— zhuó(卓) zǐ(紫)— zhǐ(纸)
zòu(奏)— zhòu(宙) zǒng(总)— zhǒng(种)

声母 c 和 ch

cāi(猜)— chāi(拆) cí(磁)— chí(迟)
cén(岑)— chén(陈) cuò(错)— chuò(辍)
cù(促)— chù(触) cāng(仓)— chāng(昌)

声母 s 和 sh

sì(四)— shì(是) sù(速)— shù(树)
sēng(僧)— shēng(声) suō(缩)— shuō(说)
sǎ(洒)— shǎ(傻) sān(三)— shān(山)

声母 j 和 zh

zájì(杂技)— zázhì(杂志) zìjì(字迹)— zìzhì(自治)
qíjì(奇迹)— qízhì(旗帜) jíshì(集市)— zhíshì(直视)
jǐ zhāng(几张)— zhǐ zhāng(纸张) jīqíng(激情)— zhīqíng(知情)

声母 q 和 ch

yīqǐ(一起)— yì chǐ(一尺) lái qí(来齐)— lái chí(来迟)

pái qì（排气）— páichì（排斥）　　bù qǐ（不起）— bù chǐ（不耻）

qīmí（凄迷）— chīmí（痴迷）　　qìsè（气色）— chì sè（赤色）

声母 x 和 sh

shíxí（实习）— shíshí（实时）　　yùxǐ（玉玺）— yùshǐ（御史）

xīwàng（希望）— shīwàng（失望）　xǐhuan（喜欢）— shǐhuan（使唤）

xìyán（戏言）— shìyán（誓言）　　xī mén（西门）— shīmén（师门）

（四）擦音 f 和 h

擦音 f 和 h 的区别在于发音部位不同：f 是唇齿音，h 是舌面后音。一些国家的学习者会将二者混淆，或者发音不对。如韩语中没有擦音 f，韩国学习者容易把汉语的唇齿清擦音 f [f] 读为双唇清塞音 b [p] 或 p [pʰ]；日语中没有舌面后清擦音 h [x]，日本学习者则可能会误读为母语中的双唇擦音 [ɸ]，该读音与汉语中的 f 相近，听起来似乎 f、h 不分；母语为英语的学习者容易受汉语拼音 h 的影响，将 h [x] 误读为喉擦音 [h]。

对于将 f、h 发成双唇音的偏误，需要特别注意发音时唇形的不同。发这两个音时，上下唇都不接触：发 f 时，上齿要与下唇接触；发 h 时，舌面后部接近软腭。对于将 h [x] 发成 [h] 的偏误，只要注意发音时舌根前移即可。辨音练习也可强化学习者对这两个擦音的准确掌握。

kāifā（开发）— kāihuā（开花）　　jiǎnféi（减肥）— jiǎn huí（捡回）

fānxīn（翻新）— huānxīn（欢欣）　fēnqī（分期）— hūn qī（婚期）

fèiwù（废物）— huìwù（会务）　　fèi qián（费钱）— huì qián（汇钱）

（五）擦音 r 和边音 l

浊音 r 和 l 的发音部位、发音方法都不尽相同：r 是舌尖后擦音，l 是舌尖中边音。发 r 时，舌尖与硬腭前部形成缝隙，气流从缝隙挤出，摩擦发声；发 l 时，舌尖与上齿龈接触，舌头两边留有空隙，气流从两边缝隙通过而发声。它们在普通话中的区别是非常明显的。

但汉语学习者常常将二者相混，或者发音不准。例如，日语中没有r [ʐ]和 l [l]，只有发音部位相近的闪音 [ɾ]，所以日本学习者容易将汉语声母r和l都发成 [ɾ]，让人感觉r、l不分；韩国学习者容易将r读成l，或者受母语影响，错发成闪音；母语为英语的学习者受汉语拼音r的影响，有时会将r [ʐ]误读为颤音 [r]。

对于以上偏误，首先需要定准发音部位。对于误读为闪音的偏误，发音者要注意延长发音时间，因为闪音轻微闪颤，不能持续发音。相应的辨音练习也有助于区分声母r与l。

rì（日）— lì（力）　　　rè（热）— lè（乐）

rán（然）— lán（蓝）　　rù（入）— lù（路）

róu（柔）— lóu（楼）　　ràng（让）— làng（浪）

rǎo（扰）— lǎo（老）　　róng（容）— lóng（龙）

ruò（弱）— luò（落）

【复习与练习（四）】

第三节 韵 母

学习要点

- 韵母的分类
- 单韵母、复韵母、鼻音韵母的发音特点
- 韵母的正确发音

韵母是一个音节中声母后面的部分。普通话的韵母一共有39个,有的由元音构成,有的由元音加鼻辅音(n [n]、ng [ŋ])构成。换句话说,韵母都有元音,但不一定都是元音。

一、韵母的分类

韵母可以从构成情况和结构两个方面来分类。

(一) 根据韵母构成情况的分类

根据韵母的构成成分,普通话的韵母可以分为单元音韵母、复元音韵母和鼻音韵母三大类。

1. 单元音韵母

单元音韵母是指由单个元音构成的韵母，简称单韵母。普通话中有10个单韵母，包括7个舌面元音、2个舌尖元音和1个卷舌元音。

（1）舌面元音：a、o、e、ê、i、u、ü。

（2）舌尖元音：-i [ɿ]、-i [ʅ]。

（3）卷舌元音：er [ɚ]。

2. 复元音韵母

复元音韵母是指由两个或三个元音构成的韵母，简称复韵母。普通话中复韵母有13个：ai、ei、ao、ou、ia、ie、ua、uo、üe、iao、iou、uai、uei。复元音发音时，各个元音的响度不同，通常只有一个比较清晰、响亮，根据这个音素的位置，可以将复元音分为三小类。

（1）前响复韵母：ai、ei、ao、ou。

（2）后响复韵母：ia、ie、ua、uo、üe。

（3）中响复韵母：iao、iou、uai、uei。

3. 鼻音韵母

鼻音韵母是指由一个或两个元音与鼻辅音n或ng组成的韵母，简称鼻韵母。带前鼻音n的韵母是前鼻音韵母，带后鼻音ng的韵母是后鼻音韵母。普通话中的前、后鼻音韵母各有8个。

（1）前鼻音韵母：an、en、in、ün、ian、uan、üan、uen。

（2）后鼻音韵母：ang、eng、ing、ong、iong、iang、uang、ueng。

（二）根据韵母结构的分类

传统音韵学认为韵母的结构包括三部分：韵腹、韵头和韵尾。韵腹是韵母的核心成分，即开口度最大、听起来最响亮的元音；韵腹前的成分叫作韵头，也称"介音"；韵腹后面的成分叫作韵尾。一个韵母可以没有韵头或韵尾，但一定要有韵腹。韵头由 i、u、ü 充当，韵尾由 i、u①、n、ng 充当，如表 2-5 所示。

表 2-5　韵母结构分析举例

韵母		韵头	韵腹	韵尾
单韵母	a		a	
复韵母	ei		e	i
	uo	u	o	
	iou	i	o	u
鼻韵母	üan	ü	a	n
	ing		i	ng

根据韵头或韵尾的情况，也可以对韵母进行分类：

1. 根据韵头的分类

根据韵母有没有韵头以及韵头的性质，即韵母开头元音的发音口型，可以将韵母分为开口呼、齐齿呼、合口呼、撮口呼四类，简称四呼。

（1）开口呼：没有韵头，同时韵腹又不是 i、u、ü 的韵母，如 a、o、e、ê、an、eng。舌尖元音单韵母属于开口呼而不是齐齿呼，因为它们的元音不是 [i]，而是 [ɿ] 和 [ʅ]。

（2）齐齿呼：韵头或韵腹是 i 的韵母，如 i、ie、iou、iang。

（3）合口呼：韵头或韵腹是 u 的韵母，如 u、ua、uei、uang。韵母 ong 的实际读音是 [uŋ]，属于合口呼。

（4）撮口呼：韵头或韵腹是 ü 的韵母，如 ü、üe、üan、ün。韵母 iong 的实际读音是 [yŋ]，属于撮口呼。

2. 基于韵尾情况的分类

（1）无韵尾韵母：包括 10 个单元音韵母和 5 个后响复元音韵母。

（2）元音韵尾韵母：包括 4 个前响复元音韵母和 4 个中响复元音韵母。

（3）鼻音韵尾韵母：即鼻音韵母，普通话中有 16 个。

---

① 《汉语拼音方案》ao、iao 中的 o，实际读音是 [u]，即它们的韵尾是 u。

二、韵母的发音特点

(一) 单元音韵母的发音特点

单元音发音时,口形始终不变。根据发音时舌头紧张的部位可分为舌面元音、舌尖元音、卷舌元音。

1. 舌面元音单韵母的发音

舌面元音发音时,可以从三个方面观察:

(1) 舌位高低。舌位高低与口腔开口度有关:舌位越高,开口度越小;反之,舌位越低,开口度越大。根据舌位的高低,单元音可分为高元音(如 i [i]、ü [y]、u [u])、半高元音(如 e [e]、e [ɤ]、o [o])、中元音(如 e [ə])、半低元音(如 ê [ɛ])、低元音(如 a [a]、a [A]、a [ɑ])。

(2) 舌位前后。根据舌头在口腔的前后位置,单元音可分为前元音(如 i [i]、ü [y]、e [e]、ê [ɛ]、a [a])、央元音(如 e [ə]、a [A])、后元音(如 u [u]、e [ɤ]、o [o]、a [ɑ])。

(3) 唇形圆展。根据嘴唇的形状,单元音可分为圆唇元音(如 ü [y]、u [u]、o [o])、不圆唇元音(如 i [i]、e [e]、a [a])。

将这三个方面的发音情况综合起来,可以用下面的舌位唇形图表示,如图 2-5 所示。

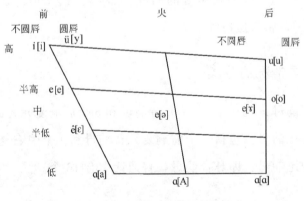

图 2-5　舌面元音舌位唇形图

对单元音的描写，一般先说明舌头紧张部位，然后再描写舌位前后、舌位高低，以及唇形圆展。下面遵照这个顺序逐一描写普通话7个舌面元音单韵母的发音特点。

a［A］　舌面、央、低、不圆唇元音。发音时，开口度较大，舌位低，舌头居中央，嘴唇展开。例如：

dàshà	fādá	máshā	nǎpà	shāfā
大厦	发达	麻纱	哪怕	沙发

o［o］　舌面、后、半高、圆唇元音。发音时，口腔半开，舌位半高，舌头后缩，嘴唇拢圆。例如：

bó mó	mó pò	mó mò	mòmò	pōmò
薄膜	磨破	磨墨	默默	泼墨

e［ɤ］　舌面、后、半高、不圆唇元音。发音时，口腔半开，舌位半高，舌头后缩，嘴唇展开。例如：

hégé	géhé	kělè	kèchē	tèsè
合格	隔阂	可乐	客车	特色

i［i］　舌面、前、高、不圆唇元音。发音时，口腔开口度小，嘴唇不圆，舌头靠前，舌面较高。例如：

bǐlì	jījí	líqí	mìmì	xīqí
比例	积极	离奇	秘密	稀奇

u［u］　舌面、后、高、圆唇元音。发音时，口腔开口度小，双唇拢圆，舌头后缩。例如：

bùgù	chǔshǔ	gūdú	lùrù	mùlù
不顾	处暑	孤独	录入	目录

ü［y］　舌面、前、高、圆唇元音。发音时，口腔开口度小，双唇收缩在一起，舌头靠前，舌面较高。例如：

lǚjū	lǚlǚ	xúxú	xùqǔ	yǔjù
旅居	屡屡	徐徐	序曲	语句

ê [ɛ] 舌面、前、半低、不圆唇元音。发音时，口腔半开，舌位半低，舌位靠前，唇形不圆。普通话中，这个元音不与声母相拼，只有叹词"欸"读 ê，它有四个声调，表示不同的语义和语气。此外，[ɛ] 这个音还出现在复韵母 ie、üe 中，汉语拼音写作 e。

2. 舌尖元音单韵母的发音

-i [ɿ] 舌尖、前、高、不圆唇元音。发音时，舌尖前伸，接近上齿背，开口度小，唇形不圆。它只出现在舌尖前声母 z、c、s 后面。例如：

cì zǐ	sì cì	sīzì	zì cǐ	zǐsì
次子	四次	私自	自此	子嗣

-i [ʅ] 舌尖、后、高、不圆唇元音。发音时，舌尖上翘，接近硬腭前部，开口度小，唇形不圆。它只出现在舌尖后声母 zh、ch、sh、r 后面。例如：

chízhì	shíshī	shízhì	zhírì	zhìshǐ
迟滞	实施	实质	值日	致使

> **注意：**
>
> 普通话中 -i [ɿ]、-i [ʅ]、i [i] 出现的语音环境是不同的：舌尖前元音 -i [ɿ] 只出现在舌尖前声母后面，舌尖后元音 -i [ʅ] 只出现在舌尖后声母之后，舌面元音 i [i] 不跟这两组声母相拼。《汉语拼音方案》用一个符号 i 表示 [ɿ]、[ʅ]、[i] 三个音素，不会发生混淆。

3. 卷舌元音单韵母的发音

er [ɚ] 卷舌、央、中、不圆唇元音。发音时，开口度略小，舌位居中，

现代汉语（上）

舌头稍后缩,舌尖翘起,唇形不圆。普通话中这个元音只能自成音节,不与其他声母相拼。例如:ér(儿)、ěr(耳)、èr(二)。《汉语拼音方案》中用 er 表示卷舌元音,r 并不是辅音音素,而是表示卷舌的动作,er 仍是单韵母。

(二) 复元音韵母的发音特点

复元音韵母由两个或三个元音组成,发音时从一个元音自然、快速地滑动到另一个元音,口腔的形状、舌头的位置以及唇形逐渐变化,整个发音过程是一个整体。复元音韵母的发音以韵腹为中心,根据韵腹的位置可将复元音韵母分为前响复元音韵母、后响复元音韵母和中响复元音韵母。

1. 前响复元音韵母的发音

前响复元音韵母有 4 个:ai [ai]、ei [ei]、ao [ɑu]、ou [ou]。发音时,开口度由大到小、舌位从低到高滑动。前面的元音响亮清晰,后面的元音较为模糊,只表示舌位滑动的方向(见图 2-6)。

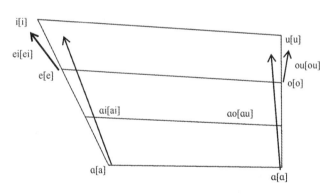

图 2-6 前响复元音韵母舌位活动图

ai [ai]:báicài   hǎidài   pāimài   shàitái   zāihài
　　　　白菜　　海带　　拍卖　　晒台　　灾害
ei [ei]:Běi Fēi   bèilěi   fēiděi   hēi méi   pèibèi
　　　　北非　　蓓蕾　　非得　　黑莓　　配备

ao [au]：cǎogǎo　　dàopáo　　gāokǎo　　pāomáo　　pǎodào
　　　　　草稿　　　道袍　　　高考　　　抛锚　　　跑道
ou [ou]：chǒulòu　　dǒusǒu　　lòudǒu　　shǒuhòu　　tóuchóu
　　　　　丑陋　　　抖擞　　　漏斗　　　守候　　　头筹

2. 后响复元音韵母的发音

后响复元音韵母有5个：ia [iA]、ie [iɛ]、ua [uA]、uo [uo]、üe [yɛ]。发音时，开口度由小到大，舌位从高到低滑动。前面的元音轻短，表示舌位移动的起点，后面的元音响亮清晰，明确表示舌位的终点（见图2-7）。

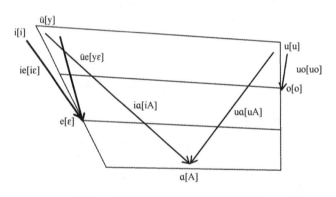

图 2-7　后响复元音韵母舌位活动图

ia [iA]：jiā jià　　qiā jià　　qiàqià　　xiàjià　　xià jià
　　　　　加价　　　掐架　　　恰恰　　　下架　　　下嫁
ie [iɛ]：qièqiè　　tiēqiè　　tiě xiè　　xié jiē　　xiètiě
　　　　　切切　　　贴切　　　铁屑　　　斜街　　　谢帖
ua [uA]：guàhuā　　huā guā　　huā huā　　huà huà　　shuǎhuá
　　　　　挂花　　　花瓜　　　哗哗　　　画画　　　耍滑
uo [uo]：guòcuò　　huǒguō　　kuòchuò　　tuōluò　　shuòguǒ
　　　　　过错　　　火锅　　　阔绰　　　脱落　　　硕果
üe [yɛ]：juéjué　　juéxué　　quē xuě　　quèyuè　　yuēlüè
　　　　　决绝　　　绝学　　　缺血　　　雀跃　　　约略

3. 中响复元音韵母的发音

中响复元音韵母有4个：iao [iɑu]、iou [iou]、uai [uai]、uei [uei]。它们是在前响复元音韵母前，加韵头 [i] 或 [u] 形成的。发音时，开口度从小变大、再变小，舌位从高到低、再滑动到较高。前面的元音轻短，中间的元音响亮清晰，后面的元音较为模糊，只表示舌位滑动的方向（见图2-8）。

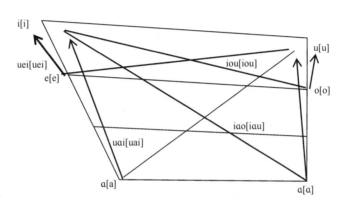

图 2-8　中响复元音韵母舌位活动图

iao [iɑu]：miǎobiǎo　piāomiǎo　qiǎomiào　xiāotiáo　tiáoliào
　　　　　　秒表　　　缥缈　　　巧妙　　　萧条　　　调料
iou [iou]：jiūjiù　　niú liǔ　　qiújiù　　xiūliú　　xiùqiú
　　　　　　赳赳　　　牛柳　　　求救　　　鸺鹠　　　绣球
uai [uai]：guāiguāi　huái chuāi　shuāi huài　wàihuái　wàikuài
　　　　　　乖乖　　　怀揣　　　摔坏　　　外踝　　　外快
uei [uei]：cuīhuǐ　　duì shuǐ　　guīduì　　tuìhuí　　zhuīsuí
　　　　　　摧毁　　　兑水　　　归队　　　退回　　　追随

注意：

《汉语拼音方案》规定，iou、uei 与声母相拼时写成 iu、ui，声调标在韵尾上。

（三）鼻音韵母的发音特点

鼻音韵母发音时，元音和后面的鼻辅音不是简单地加在一起，而是从元音的发音状态自然地向鼻音变化，口腔的形状、舌位和唇形逐渐变化，鼻音成分逐渐增加，最后形成鼻音。

普通话鼻韵母的韵尾只有 n 和 ng。n [n] 是舌尖中、浊、鼻音，ng [ŋ] 是舌面后、浊、鼻音。从发音部位上看，n [n] 在前，ng [ŋ] 居后。以 -n 为韵尾的韵母简称为前鼻音韵母，以 -ng 为韵尾的韵母简称为后鼻音韵母。

1. 前鼻音韵母

前鼻音韵母有 8 个：an [an]、en [ən]、in [in]、ün [yn]、ian [iɛn]、uan [uan]、üan [yan]、uen [uən]。这 8 个韵母发音时，先发单元音或复元音，然后舌尖抵住上齿龈，气流在鼻腔共鸣，形成前鼻音韵母。

an [an]：cànlàn	nánkān	nán lán	tánpàn	zhǎnlǎn
灿烂	难堪	男篮	谈判	展览
en [ən]：běnfèn	gēnběn	rénshēn	rènzhēn	shēnchén
本分	根本	人参	认真	深沉
in [in]：bīnlín	jìnqīn	pínmín	qīnxìn	xīnqín
濒临	近亲	贫民	亲信	辛勤
ün [yn]：jūnxùn	jūn qún	jūnyún	qūnxún	yúnyún
军训	菌群	均匀	逡巡	芸芸
ian [iɛn]：biānyán	jiānxiǎn	liánnián	miànqián	tiānxiàn
边沿	艰险	连年	面前	天线
uan [uan]：guānhuàn	suānruǎn	wǎnzhuǎn	zhuānkuǎn	
官宦	酸软	婉转	专款	
zhuǎnwān				
转弯				

üan [yan]：juānjuān　　quánquán　　quányuán　　yuánquān
　　　　　　涓　涓　　全　权　　全　员　　圆　圈
　　　　　　yuánquán
　　　　　　源　泉

uen [uən]：chūnsǔn　　hùndùn　　kūnlún　　lùnwén　　wēnrùn
　　　　　　春　笋　　混　沌　　昆　仑　　论　文　　温　润

> **注意：**
> 《汉语拼音方案》规定，uen 与声母相拼时写成 un，声调标在 u 上。

2. 后鼻音韵母

后鼻音韵母有 8 个：ang [ɑŋ]、eng [əŋ]、ing [iŋ]、ong [uŋ]、iong [yŋ]、iang [iɑŋ]、uang [uɑŋ]、ueng [uəŋ]。这 8 个韵母发音时，先发元音，然后舌面后部抵住软腭，气流在鼻腔共鸣，形成后鼻音韵母。

ang [ɑŋ]：āngzāng　　bāngmáng　　cāngsāng　　cháng zhǎng
　　　　　　肮　脏　　帮　忙　　沧　桑　　厂　长
　　　　　　gānggāng
　　　　　　刚　刚

eng [əŋ]：fēngshèng　　gēngzhèng　　méngshēng　　zēngshēng
　　　　　　丰　盛　　更　正　　萌　生　　增　生
　　　　　　zhēngchéng
　　　　　　征　程

ing [iŋ]：bīnglíng　　dīngníng　　níngjìng　　píngjǐng
　　　　　　冰　凌　　叮　咛　　宁　静　　瓶　颈
　　　　　　qīngmíng
　　　　　　清　明

ong [uŋ]: cóngróng　　gōnggòng　　lóngtǒng　　tōnghóng
　　　　　从　容　　　公　共　　　笼　统　　　通　红
　　　　Zhōngdōng
　　　　　中　东

iong [yŋ]: jiǒngjiǒng　　qióng jiǒng　　qióngqióng　　xióngxióng
　　　　　炯　炯　　　穷　窘　　　茕　茕　　　熊　熊
　　　　xiōngyǒng
　　　　　汹　涌

iang [iaŋ]: liáng jiàng　　Liángxiāng　　liǎng xiàng　　xiǎngliàng
　　　　　良　将　　　良　乡　　　两　项　　　响　亮
　　　　Xiāngjiāng
　　　　　香　江

uang [uaŋ]: chuāng kuàng　　kuàngchuáng　　kuángwàng
　　　　　窗　框　　　矿　床　　　狂　妄
　　　　zhuàngkuàng　　zhuānghuáng
　　　　　状　况　　　装　潢

ueng [uəŋ]: wēng　　wéng　　wěng　　wèng
　　　　　翁　　　嗡　　　蓊　　　瓮

> **注意**：
> 韵母 ong 的元音是 [u]，韵母 iong 的元音是 [y]；韵母 ueng 只能自成音节，不和辅音声母相拼。

汇总以上对各类韵母声母发音特点的描写，可以列出普通话韵母总表（见表 2-6）。

表 2-6 普通话韵母总表

按韵母构成分	按口形分				按韵尾分
	开口呼	齐齿呼	合口呼	撮口呼	
单元音韵母	-i [ɿ]、-i [ʅ]	i [i]	u [u]	ü [y]	无韵尾韵母
	a [A]				
	o [o]				
	e [ɤ]				
	ê [ɛ]				
	er [ɚ]				
复元音韵母		ia [iA]	ua [uA]		
			uo [uo]		
		ie [iɛ]		üe [yɛ]	
	ai [ai]		uai [uai]		元音韵尾韵母
	ei [ei]		uei [uei]		
	ao [au]	iao [iau]			
	ou [ou]	iou [iou]			
鼻音韵母	an [an]	ian [iɛn]	uan [uan]	üan [yan]	鼻音韵尾韵母
	en [ən]	in [in]	uen [uən]	ün [yn]	
	ang [aŋ]	iang [iaŋ]	uang [uaŋ]		
	eng [əŋ]	ing [iŋ]	ueng [uəŋ]		
			ong [uŋ]	iong [yŋ]	

三、韵母习得难点分析

对非汉语母语者而言，习得普通话韵母的难点主要有四个方面：i 韵母、撮口呼韵母、e 和 o 组韵母、鼻音韵母。

（一）i 韵母

《汉语拼音方案》中的符号 i 实际代表了三个不同的韵母，i 在不同声母后发不同的音（见表 2-7）。

表 2-7　韵母 i 的实际发音

声母	韵母		例子
	舌尖元音	舌面元音	
z、c、s	[ɿ]		字、次、四
zh、ch、sh、r	[ʅ]		知、吃、诗、日
j、q、x 等其他声母		[i]	机、七、西

《汉语拼音方案》将 [ɿ]、[ʅ]、[i] 归为一个音位、使用一个符号表示的处理方法对汉语学习者造成了一定的困难。又由于外国学生对舌尖前音 z、c、s，舌尖后音 zh、ch、sh、r，舌面前音 j、q、x 这三组声母的发音掌握不准，容易造成 i 韵母实际读音的混淆。如发 z 组后的 [ɿ] 时，常会读为舌面元音 [i]，听起来接近 j 组和 [i] 的组合；发 zh 组后的 [ʅ] 时，舌尖过分卷起，听起来与卷舌元音 er [ɚ] 相近。

纠正这些偏误，学习者首先需要了解 i 所代表的三个韵母，了解各自的发音区别，以及声母韵母的搭配关系；然后采用整体认读 zi-ci-si、zhi-chi-shi-ri、ji-qi-xi 的方法，将声母韵母搭配起来一起练习。

（二）撮口呼韵母

撮口呼韵母的韵头或韵腹是元音 ü，它是舌面、前、高、圆唇元音。发音时，双唇收缩在一起，中间形成一个扁平的小孔，前面向硬腭升起。

有些语言没有元音 ü，如英语、日语、韩语等，因此撮口呼韵母是大部分学生的学习难点。发音时，学生往往不能将嘴唇缩成小孔，发出的音接近 i。另外，《汉语拼音方案》规定，撮口呼韵母在书写时，除了与 n、l 相拼时写作 ü 之外，其他情况都省略 ü 上面的两点，写作 u。受拼音符号影响，学习者也会将其他声母后的 ü 音读作 u。

针对学习者的偏误，首先需要强化练习单韵母 ü 的发音：可以先发 [i]，然后保持舌位不变，将嘴唇拢圆；其次，通过口含吸管等动作理解撮口的动作；再次，在词组拼读练习中熟悉撮口呼韵母与声母的配合。

nǚ（努）— nǚ（女）　　lù（路）— lǜ（绿）　　lüè（略）— nüè（虐）

jú（菊）　　qú（渠）　　xú（徐）　　yú（鱼）

juè（倔）　　què（却）　　xuè（血）　　yuè（月）

juān（娟）　　quān（圈）　　xuān（轩）　　yuān（冤）

jūn（军）　　qūn（逡）　　xūn（勋）　　yūn（晕）

（三）e 和 o 组韵母

汉语拼音中含 e 的韵母有 9 个，含 o 的韵母有 8 个。在不同韵母中，e 和 o 的实际发音并不相同（表 2-8）。

表 2-8　韵母 e、o 的实际发音

拼音	音素	出现情况
e	[ɤ]	e
	[e]	ei、uei
	[ɛ]	ie、üe
	[ə]	en、uen、eng、ueng
o	[o]	o、uo、ou、iou
	[u]	ao、iao、ong
	[y]	iong

单韵母 e 都是舌面、后、半高、不圆唇元音 [ɤ]；复韵母 ie、üe 中的 e [ɛ] 舌位靠前，处于半低位置；ei、uei 中的 e [e] 比 [ɛ] 的舌位高一点，处于半高位置；en、uen、eng、ueng 中的 e [ə]，舌位在中央。o [o] 是与单韵母 e [ɤ] 部位相同的圆唇元音；ao、iao、ong 中的 o 实际读 [u]；iong 中的 o 和 i 合在一起读 [y]。

汉语学习者学习这两组韵母时，容易出现以下偏误：① o 的口形不圆，与 e 混淆；② 受拼音符号影响，将不同韵母中的 e 或 o 发成相同的音；③ 混淆 uo 和 ou。

针对这样的偏误，首先需要准确掌握 o 的发音特点，双唇拢圆；其次，了解普通话拼读规则，o 只与唇音声母 b、p、m、f 相拼，而 e 不与唇音声母 b、p、f 拼合；再次，反复诵读含 e、o 的复韵母，熟悉 e、o 在不同环境中的实际发音。

（四）鼻音韵母

普通话鼻音韵母的韵尾分前、后鼻音两类。这两种音发音方法相同、差别体现在发音部位上：发前鼻音 -n 时，舌尖抵住上齿龈，气流从鼻腔出来；发后鼻音 -ng 时，舌面后部抵住软腭，气流从鼻腔流出。

对汉语学习者而言，鼻音韵母学习的难点是前、后鼻音韵母发音不标准，发音时前、后鼻音差异不大，听不出是［n］还是［ŋ］。

对于将［n］发成［ŋ］的偏误，可以在发前鼻音时，注意最后把舌尖移到上齿龈，保持不动，直至发音结束；对于将［ŋ］发成［n］的偏误，可以在发后鼻音韵母时，注意增加口腔的开口度，最后将舌面后部移到软腭，以扩大前、后鼻音的区别。并通过辨音练习强化学习者对这两个鼻音韵尾的准确掌握。

lán（蓝）— láng（狼）　　　rén（人）— réng（仍）

yín（银）— yíng（盈）　　　lián（联）— liáng（凉）

guàn（惯）— guàng（逛）　　wēn（温）— wēng（翁）

yùn（韵）— yòng（用）　　　fàn（饭）— fàng（放）

xiān（先）— xiāng（乡）

【复习与练习（五）】

第四节 声　调

学习要点

- 调值、调类的含义
- 普通话的调类与调值
- 上声变调、"一""不"变调规律

声调指的是贯穿整个音节的高低升降变化，主要由音高决定。普通话中有四个声调，它们具有区别意义的作用。也就是说，一个音节的声母、韵母相同，但声调不同，所表示的意义就不同。如"妈（mā）"和"马（mǎ）"两个词，声母、韵母完全一样，它们的不同就是由声调来区别的。

一、调值和调类

学习汉语的声调，首先要理解调值和调类这两个基本概念。

（一）调值

调值是指声调的实际读法，也就是音节高低升降变化的具体形式。声调的音高是相对的，因此调值就是相对音高，不是绝对音高。在读音上，音高的变化是连续、渐变的，中间没有停顿、没有跳跃。

记录调值的通行方法——"五度标记法",由著名语言学家赵元任创制,是用五度竖标来标记相对音高走势的一种方法,适用于记录一切语言的调值。这种方法是把一条竖线视为音高的标尺,从低到高划分为五度:低、半低、中、半高、高,依次用数字1、2、3、4、5表示(见图2-9)。1度最低,5度最高。这些数字展示了声调的起点、终点和中间的曲折。如果一个音节又高又平,就是由5度到5度,调值就是55;如果一个音节从中间升到最高,调值就是35;如果一个音节先从半低降到低,再升到半高,调值就是214;如果一个音节从最高降到最低,调值就是51。

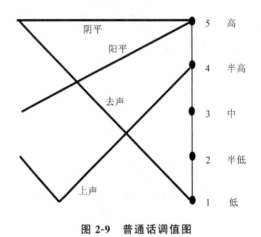

图 2-9 普通话调值图

跟调值相关的是调型,指的是声调调值变化的走势、样式。如图2-9所示,调值55的调型是高平的,调值35的调型是中升的,调值214的调型是降升的,调值51的调型是高降的。

(二) 调类

调类是声调的类别,就是把一种语言或方言中相同的调值归纳在一起所形成的类。如普通话"tā、huā、xiē、mō、kū"等音节,调值是一样的,属于同一个调类。在一种语言或方言中,有几种基本调值,就可以归纳成几种调类。普通话有四个基本调值,就归纳出四个调类:阴平、阳平、上声、去声。

在同一种语言或方言中，如果调类相同，调值必然相同。在不同的语言或方言中，调类的数量未必相同，例如广州话有九个调类，上海话有五个；即使调类相同，调值也未必一致，如北京话、南京话、成都话、兰州话都有四个调类，即阴平、阳平、上声、去声，但每个调类对应的调值却各有不同，如表2-9所示。

表2-9 部分方言调类、调值对照表

方言	阴平	阳平	上声	去声
北京话	55	35	214	51
南京话	31	13	22	44
成都话	44	31	53	13
兰州话	53	51	42	24

在拼写汉语音节时，声调的标注可采用调值数码法，即在国际音标的右上角用上标的形式标注音节的调值，如［pA^{55}］（八）、［pA^{35}］（拔）、［pA^{214}］（把）、［pA^{51}］（爸）；也可采用调型标记的方法，如《汉语拼音方案》规定在一个音节的主要元音上，添加能够直观反映调型的符号ˉ、ˊ、ˇ、ˋ，如 bā（八）、bá（拔）、bǎ（把）、bà（爸）。

> **注意：**
> 虽然声调的符号只标注在主要元音上，但声调并不只是主要元音的高低升降，而是贯穿整个音节的音高变化。

二、普通话的四声

普通话有四个调类，即阴平、阳平、上声、去声，又可称为第一声、第二声、第三声、第四声。这四个调类统称为四声。

(一) 阴平（第一声）

阴平的调值是 55，调型高且平，基本没有升降变化，也称高平调。例如：

shēng	dōng	jī	xī
声	东	击	西
[ʂəŋ⁵⁵]	[tuŋ⁵⁵]	[tɕi⁵⁵]	[ɕi⁵⁵]

(二) 阳平（第二声）

阳平的调值是 35，调型从中向高，直线上升，也称中升调。例如：

tíng	tái	lóu	gé
亭	台	楼	阁
[tʰiŋ³⁵]	[tʰai³⁵]	[lou³⁵]	[kɤ³⁵]

(三) 上声（第三声）

上声的调值是 214，调型先从半低降到低，然后升到半高，是先降后升的曲折调，也称降升调。例如：

yǒu	bǎn	yǒu	yǎn
有	板	有	眼
[iou²¹⁴]	[pan²¹⁴]	[iou²¹⁴]	[iɛn²¹⁴]

(四) 去声（第四声）

去声的调值是 51，调型从高降到低，中间没有曲折，也称高降调。例如：

miàn	miàn	jù	dào
面	面	俱	到
[miɛn⁵¹]	[miɛn⁵¹]	[tɕy⁵¹]	[tɑu⁵¹]

三、连读变调

汉语每个音节都有固定的声调,一般称为本调。音节单独出现时读本调。但是,有些音节在与其他音节连读时,调值会受到其他音节声调的影响而发生改变,与单念时不同。这种现象叫作连读变调,简称变调。普通话中最常见的变调有上声变调和"一""不"变调,都是后面音节的声调影响前一个音节的调值。

(一) 上声变调

上声音节在单念或者居于词句末尾时念本调 214,其他场合都要变调。

1. 上声＋上声

两个上声相连,第一个上声变为阳平 35,即:214＋214→35＋214。下列词语中,加点的上声字声调读为 35。

感想　　久远　　可以　　美景　　扭转
起码　　首脑　　选取　　雨伞　　展览

2. 上声＋非上声

在非上声(阴平、阳平、去声)的前面,上声变为半上 21①,即:214＋非上声→21＋非上声。下列各例中,加点的上声字声调读为 21。

上声＋阴平: 北方　　老师　　跑车　　手机　　小心
上声＋阳平: 把持　　草民　　领衔　　企鹅　　走读
上声＋去声: 理发　　好看　　马上　　网络　　首要

---

① 半上的实际调值为 211,为简便起见,通常标为 21。

3. 上声＋轻声

与轻声字连读，前面的上声字一般要根据轻声字的本调来变。

(1) 在本调为非上声的轻声字前，上声变为半上 21，即：214＋轻声（非上声）→21＋轻声。下列加点的上声字声调读为 21。

轻声字本调为阴平：打听　　讲究　　喜欢　　眼睛
轻声字本调为阳平：打量　　老实　　暖和　　起来
轻声字本调为去声：打算　　买卖　　脑袋　　晚上

(2) 在本调为上声的轻声字前，上声一般变为阳平 35，即：214＋轻声（上声）→35＋轻声。下列加点的上声字声调读为 35。

打扫　　哪里　　小姐　　想想　　走走

但有两类"上声＋轻声（上声）"是例外，前一个字声调不读阳平 35，而读半上 21[①]。

① 214＋"子"（轻声）→21＋"子"（轻声）。

本子　　尺子　　剪子　　毯子　　椅子

② 亲属称谓的上声字重叠→21＋（轻声）。

姐姐　　姥姥　　奶奶　　嫂嫂　　婶婶

4. 上声＋上声＋上声

三个上声相连，变调情况要视词语内部的语义停顿而定。

(1) 前两个音节语义紧凑、停顿在第二个音节之后（称为双单格），前两个音节声调都变为阳平 35，即：(214＋214)＋214→35＋35＋214。例如，下列加点的上声字声调读为 35：

洗澡水　　展览馆　　雨伞厂　　手写体　　总统府

---

① 另有几个有限的口语词也属例外，如"耳朵""马虎""宝宝""痒痒""指甲"的前一个字也读半上。

（2）后两个音节语音紧凑、停顿在第一个音节之后（称为单双格），前两个音节声调变为21+35，即：214+（214+214）→21+35+214。例如，下列加点的上声字声调读为35：

好领导　　买网卡　　洗水果　　小雨伞　　纸老虎

单双格形式如果不特别区分内部结构或者快读时，也可读成35+35+214，例如：

我很好　　你也走　　你等我

（二）"一""不"变调

1. "一"的变调

"一"的本调是55，在单念、词句末尾，以及序数中都读本调。例如：

一、二、三　　万一　　三教合一　　整齐划一
第一　　二零一九年十一月一号

"一"的变调规律有以下三种。

（1）"一"在去声前读35，例如：

一定　　一件　　一下　　一向　　一样

（2）"一"在非去声前读51，例如：

一+阴平：一边　　一般　　一圈　　一天　　一张

一+阳平：一行　　一栏　　一年　　一盘　　一时

一+上声：一把　　一股　　一两　　一所　　一碗

（3）"一"嵌在相同动词的中间，读轻声，例如：

读一读　　看一看　　听一听　　说一说　　写一写

2. "不"的变调

"不"的本调是51，单念、在词语末尾，以及在非去声字前都念本调，在

下面两种情况下变调。

(1)"不"在去声前读35,例如:

不对　　　不会　　　不要　　　不去　　　不是

(2)"不"嵌在相同动词或形容词中间,或可能补语中,读轻声。例如:

吃不吃　　好不好　　买不买　　行不行　　快不快

写不完　　去不了　　说不清　　做不好　　想不明白

除了以上两种变调以外,还有一种变调是比较自由的。"七""八"本调是阴平,在去声前可读成阳平35,如"七月八号"可读成 qí yuè bá hào,但也可以不变调。

四、声调习得难点分析

声调是汉语学习者在汉语发音方面最突出的问题。不同母语背景的人在声调方面的难点不完全一样。对于母语为印欧语系(如英语、法语等)的学习者而言,由于母语没有声调,他们对汉语的四声不敏感,常常随意或习惯性地给音节加声调,造成四声混乱;而对于母语为声调语言(如泰语、越南语)的学生来说,因为受到母语声调的影响,偏误主要表现为四声不标准。

整体来看,外国学生习得声调的难点可从单字调、连读变调两个方面分析。

(一) 单字调习得难点分析

单字调,其实就是普通话的四声。相对而言,阴平、去声的偏误现象较少,阳平、上声的偏误情况较多。也就是说,阳平、上声较难习得,阴平、去声较易习得。

阴平是高平调,发音时声带始终处于紧张状态,保持平稳的高音。学生习得第一声时一般不会出现调型错误,难点主要是音高不够高。因此,发音时要有意识地抬高音调,保持在较高的水平。

去声是高降调,发音时声带从最紧到最松,从高音下降到低音。学生习得去声的主要问题是下降幅度不够,降调不到位。在练习时可做夸张的点头动作,以保证声调降到位。

阳平是中升调,发音时,声带逐渐拉紧,从中音区开始,一直升到最高。对外国学生来说,习得阳平最主要的难点是起调的高度找不准,过高或过低都不容易升到最高。在单字练习时,学习者应该在教师或汉语母语者的帮助下找到声调音高的中区,通过上划手势,强化声调上扬。

上声虽是降升调214,但在实际的语流中却常常发生变调。在上声字之前变调为35,位于非上声字之前变调为半上21。半上发音时声带较松,声音在低音区下降。外国学生可能受到《汉语拼音方案》中调型符号ˇ的影响,容易将发音重心放在"升"而不是"降"的部分,听上去与第二声相近。对于这样的偏误,学习中应尽量用最低的音调发音,突出强调上声低降的特点。

另外,学生还可以反复练读一些常见的四声代表字,以熟记各个声调的标准。建议非上声字(阴平、阳平、去声)记忆单音节用例,上声字记忆"上声+非上声"的双音节用例。

阴平: 东　　　妈　　　高　　　天

阳平: 国　　　男　　　年　　　人

去声: 爸　　　去　　　上　　　下

上声: 打车　　打折　　打印　　打扮

(二) 连读变调习得难点分析

即使外国学生读准了普通话的四声,能够掌握单字调的发音,但是到词语或句子中,声调仍然控制不好。他们的连读偏误主要体现在不熟悉上声变调、"一""不"变调的规律,仍然按照汉语拼音标注的声调读本调,如"不"与去声连读时,仍读作51;"一"与其他汉字连读时,仍读作55;几个上声字连读时,不知道应该怎样变调。有些学生即使知晓上声变调的规则,但由于对半上声21掌握得不到位,发音时后面的上升段很明显,听起来像是第二声。

纠正这些偏误，首先要通过反复练习帮助学生熟记上声变调、"一""不"变调的规则；其次，应该注重培养学生读半上声 21 的习惯，凡是读半上声时，要将音高降到最低位。如果找不准高低音调，可以利用去声帮助定位。

去声＋上声＋阴平（51-21-55）：去北方　　看老师　　卖手机

去声＋上声＋阳平（51-21-35）：大企鹅　　住五楼　　喂鲤鱼

去声＋上声＋去声（51-21-51）：去理发　　不好看　　用网络

【复习与练习（六）】

第五节 音 节

学习要点

- 普通话音节的结构
- 普通话声韵的配合规律
- 普通话音节的拼写规则

音节是语音的基本结构单位，是人们能够自然感知到的最小的语音单位。普通话不带声调的音节有400多个，加上声调的区别，共有1300个左右。

一般说来，普通话中一个汉字的读音就是一个带调音节，如"现代汉语"（xiàndài Hànyǔ）四个字，就是四个带调音节；例外的是儿化音节，用作后缀的"儿"字和前面一个字合读一个音节，如"花儿"（huār）、"信儿"（xìnr）。

一、普通话音节的结构

普通话的音节一般有声母、韵母、声调三个构成要素。声母是音节开头的辅音；韵母是声母后面的部分，内部又分韵头（也叫"介音"）、韵腹（也叫"主要元音"）、韵尾；声调是贯穿整个音节的音高现象。

最简单的音节只有韵腹和声调两个部分，如"啊（ā）"、"饿（è）"；最复杂的音节包括声母、韵头、韵腹、韵尾、声调五个部分，如"快（kuài）"、"双（shuāng）"。表2-10列举了普通话音节的基本结构类型。

表2-10 普通话音节结构基本类型表

音节结构基本类型	例字	声母	韵母			声调
			韵头	韵		
				韵腹	韵尾	
韵腹＋声调	饿 è			e		去声
韵头＋韵腹＋声调	蛙 wā		u	a		阴平
韵腹＋韵尾＋声调	引 yǐn			i	n	上声
韵头＋韵腹＋韵尾＋声调	维 wéi		u	e	i	阳平
声母＋韵腹＋声调	绿 lǜ	l		ü		去声
声母＋韵头＋韵腹＋声调	夹 jiá	j	i	a		阳平
声母＋韵腹＋韵尾＋声调	口 kǒu	k		o	u	上声
声母＋韵头＋韵腹＋韵尾＋声调	双 shuāng	sh	u	a	ng	阴平

从表2-12可以看出普通话音节的结构有如下特点：

（1）声调和韵腹是普通话音节必不可少的成分。一个音节可以没有声母、韵头、韵尾，但一定有韵腹和声调。

（2）一个音节最少由1个音素，最多由4个音素构成。如"饿（è）"只有1个元音音素e；"双（shuāng）"由sh、u、a、ng 4个音素构成；"绿（lǜ）"、"夹（jiá）"分别包含2个、3个音素。

（3）元音在音节中占优势。每个音节都有元音，元音符号可以多至3个，并且连续出现，分别充当韵头、韵腹、韵尾，如"维（wéi）"。

（4）音节可以没有辅音。如"饿（è）"、"蛙（wā）"、"维（wéi）"。辅音在音节中的位置非常固定，只在音节的开头或末尾出现，没有2个辅音相连的复辅音音节。

二、普通话声韵的配合规律

普通话的语音系统有 22 个声母（21 个辅音声母加上零声母）和 39 个韵母。声母和韵母可能构成的不带声调的音节从理论上说有 858 个。但事实上，普通话不带声调的音节只有 400 多个，这说明声母和韵母的配合是有限制的，这种限制就体现了声母和韵母之间的配合规律。

普通话声母和韵母的配合规律往往表现在声母的发音部位和韵母四呼的关系上：发音部位相同的声母，和韵母的配合关系一般相同；反之，属于同一呼的韵母，和声母的配合关系一般也相同。表 2-11 展示了普通话声韵配合的主要规律。熟练掌握这些规律，对于汉语学习者认识汉语语音的特点具有积极的作用。

表 2-11　普通话声母与韵母配合规律简表

声母		开口呼	齐齿呼	合口呼	撮口呼
双唇音	b、p、m	＋	＋	＋（限于 u）	－
唇齿音	f	＋	－	＋（限于 u）	－
舌尖中音	d、t	＋	＋	＋	－
	n、l	＋	＋	＋	＋（限于 ü、üe）
舌尖前音	z、c、s	＋	－	＋	－
舌尖后音	zh、ch、sh、r	＋	－	＋	－
舌面后音	g、k、h	＋	－	＋	－
舌面前音	j、q、x	－	＋	－	＋
零声母	∅	＋	＋	＋	＋

注："＋"表示声母和韵母可以相拼，"－"表示不可以相拼。

（一）从声母的角度看

从声母的角度看，普通话声韵配合规律主要有：

（1）双唇音声母只能跟开口呼、齐齿呼的韵母相拼，不能跟合口呼（除韵母 u 外）、撮口呼韵母相拼。

（2）唇齿音声母只能跟开口呼、合口呼（限于u）相拼，不跟齐齿呼、撮口呼韵母相拼。

（3）舌尖中音清音声母（d、t）和浊音声母（n、l）与韵母的配合关系略有差别，浊音声母可以和四呼韵母相拼，清音声母不能和撮口呼韵母相拼。

（4）舌尖前音、舌尖后音、舌面后音声母都只能跟开口呼、合口呼韵母相拼，不能跟齐齿呼、撮口呼韵母相拼。

（5）舌面前音声母与上面三组声母相反，只能跟齐齿呼、撮口呼韵母相拼，不能跟开口呼、合口呼韵母相拼。

（6）零声母可以跟四呼中除舌尖元音韵母-i［ɿ］和-i［ʅ］之外的所有韵母相拼。

（二）从韵母的角度看

从韵母的角度看，普通话声韵配合规律主要有：

（1）开口呼韵母能与舌面前音声母之外的所有声母相拼。

（2）齐齿呼韵母能跟双唇音、舌尖中音、舌面前音声母相拼。

（3）合口呼不能与舌面前音声母相拼，在与双唇音、唇齿音声母相拼时仅限于u。

（4）撮口呼韵母只能与舌尖中音浊声母、舌面前音声母和零声母相拼。

（5）跟四呼韵母都能配合的只有舌尖中音浊声母和零声母。

（6）能与开口呼韵母拼合的声母最多，能与撮口呼韵母拼合的声母最少。

三、普通话音节的拼写规则

《汉语拼音方案》和《汉语拼音正词法基本规则》对普通话音节的拼写规则做了一些具体的规定。

（一）隔音字母 y、w 的使用

当韵母表中 i、u、ü 行的韵母（即齐齿呼、合口呼、撮口呼）自成音节时，要使用隔音字母 y、w 分隔音节界限。

（1）i 行韵母在零声母音节中，如果后面还有别的元音，就把 i 改成 y。例如：

ia → ya（呀）　　　ie → ye（耶）　　　iao → yao（妖）
iou → you（忧）　　ian → yan（烟）　　iang → yang（央）
iong → yong（拥）

如果 i 后没有别的元音，就在 i 前面加上 y。例如：

i → yi（衣）　　　in → yin（音）　　　ing → ying（应）

（2）u 行韵母在零声母音节中，如果后面还有别的元音，就把 u 改成 w。例如：

ua → wa（哇）　　　uo → wo（喔）　　　uai → wai（歪）
uei → wei（微）　　uan → wan（湾）　　uen → wen（温）
uang → wang（汪）　ueng → weng（翁）

如果 u 后没有别的元音，就在 u 前面加上 w。例如：

u → wu（屋）

（3）ü 行韵母在零声母音节中，不论后面有没有别的元音，一律要在 ü 前加 y，同时 ü 上两点省略。例如：

ü → yu（迂）　　　üe → yue（约）　　　üan → yuan（冤）
ün → yun（晕）

（二）隔音符号的用法

a、o、e 开头的音节紧连在其他音节后面的时候，如果音节的界限会发生混淆，就要用隔音符号"'"隔开，例如：

xī'ān（西安）— xiān（鲜）　　　pí'ǎo（皮袄）— piǎo（漂）
jī'è（饥饿）— jiè（借）　　　　kù'ài（酷爱）— kuài（快）

(三) 省写

(1) 韵母 iou、uei、uen 的省写：iou、uei、uen 跟声母相拼时，分别写成 iu、ui、un。例如：

l + ióu → liú（刘）　　　　　x + iōu → xiū（休）

h + uéi → huí（回）　　　　　sh + uěi → shuǐ（水）

d + uēn → dūn（吨）　　　　　sh + uèn → shùn（顺）

(2) ü 上两点的省略：ü 跟 n、l 以外的声母相拼时都省略两点。例如：

j + ū → jū（居）　　　　　　q + üé → qué（瘸）

x + üǎn → xuǎn（选）　　　　x + ün → xùn（训）

注意：ü 跟 n、l 相拼时，上面两点不能省略。例如：

nǚ（女）　　　　　　　　　　lǜ（绿）

nüè（虐）　　　　　　　　　　lüè（略）

说明：在计算机、手机等电子设备上使用拼音输入法录入汉字，可以用字母 v 代替 ü，例如"lvshi"（律师）、"shenglve"（省略）。

(四) 标调法

(1) 声调符号标在音节的主要元音（即韵腹）上。例如：

hé（河）　　　měi（美）　　　shǒu（手）　　　miǎo（秒）

(2) 声调符号标在 i 上时，i 上的点儿省略。例如：

yī（一）　　　qǐ（起）　　　xìn（信）　　　níng（宁）

(3) iou、uei 略写成 iu、ui 后，声调符号标在后一个音素上。例如：

liú（刘）　　　xiū（休）　　　huí（回）　　　shuǐ（水）

(4) 所有声调一律标本调，不标变调。在语音教学中如果需要可以标注变调。

(5) 轻声音节不标声调符号。例如：

māma（妈妈）　　dōngxi（东西）　　wǒmen（我们）

（五）词的连写和大写

(1) 一个词内部的音节要连写，词与词之间一般分写。例如：

qiǎokèlì　　　bǐnggān　　　zhuīzhú　　　mèngxiǎng
巧 克 力　　　饼　干　　　追　逐　　　梦　想

(2) 句子开头的字母或者诗歌每行开头的字母要大写；专有名词和专有短语中每个词的开头字母都要大写；姓和名分开写，开头字母都要大写。例如：

Zhāng Xiǎomíng zài Zhōngguó Rénmín Dàxué xuéxí Hànyǔ。
　　张晓明　　在　中国　人民　大学　学习　汉语。

(3) 标题中的字母可以全部大写，也可以每个词开头的字母大写；为了简明美观，可以省略声调符号。例如：

HANYU　　PINYIN　　FANG'AN
Hanyu　　Pinyin　　Fang'an
汉语　　　拼音　　　方案

【复习与练习（七）】

第六节 音 变

学习要点

- 什么是轻声，轻声的语音特点，轻声的作用
- 什么是儿化，儿化的作用
- 语气词"啊"的音变

普通话中读音变化的现象主要有两类：一类是语流音变，指的是在语流中由于受邻近音的影响而使某个音节发生变化的语音现象，如第四节提到的上声变调、"一""不"变调，以及语气词"啊"的音变；另一类是词语或结构内部的读音变化，主要包括轻声和儿化。

一、轻声

(一) 轻声

普通话有的词语或结构中，某些音节念得又短又轻，失去原有的声调，这种现象叫作轻声。读轻声的字称为轻声字，含有轻声音节的词叫轻声词。在拼写音节时，轻声字不标调，例如下面加点的字：

dōngxi	shítou	jiějie	zhuōzi
东西	石头	姐姐	桌子

轻声不是普通话四个声调之外的第五种声调，而是四声在一定条件下的声调变体。上例中的轻声字单念时各有固定的声调（分别读阴平、阳平、上声、去声），只是在相应的音节之后读得特别轻、短。

（二）轻声的语音特点

1. 轻声的调值

轻声音节的变化与语音的四种物理属性都有关系，音长变短、音强变弱、音色也变化不定，但最为明显的变化体现在音高上。轻声音节本身没有固定的音高，它的调值受到其前一个音节声调的影响。简单地说，轻声在上声之后调值最高，在阴平、阳平之后稍低，在去声之后最低。具体情况如表 2-12 所示。

表 2-12　普通话轻声音节调值

类型	阴平＋轻声	阳平＋轻声	上声＋轻声	去声＋轻声
调值	55＋2	35＋3	214＋4	51＋1
例	桌子	房子	椅子	凳子

2. 轻声对声母、韵母的影响

轻声音节会引起声母、韵母中辅音、元音音色的变化。

（1）对声母的影响。轻声音节读得太短，可能造成不送气的清塞音 b [p]、d [t]、g [k] 和不送气的清塞擦音 j [tɕ]、zh [tʂ]、z [ts] 发生浊化。如：

下巴 [pA⁵⁵] → [bə¹]　　　　　　哥哥 [kɤ⁵⁵] → [gə²]

（2）对韵母的影响。轻声对韵母的影响主要表现在充当韵腹的元音变得含混，一般的倾向是变得接近于央元音 [ə]。如：

五个 [kɤ⁵¹] → [gə⁴]　　　　　　芝麻 [mA³⁵] → [mə²]

有的轻声的复元音韵母会变为单元音，如：

宝贝 [pei⁵¹] → [be⁴]　　　　　　木头 [tʰou³⁵] → [tʰo¹]

个别轻声音节甚至可能失去元音，只剩下辅音，如：

豆腐 [fu²¹⁴] → [f¹]　　　　　　椅子 [tsɿ²¹⁴] → [dzˀ]

需要说明的是，轻声字的声母和韵母尽管在语流中发生了变化，但在拼写音节时，仍然要按照原来的声韵配合情况标写，只是不标声调以显示是轻声字。例如，上面轻声词的汉语拼音为：

xiàba　　　　　gēge　　　　　　wǔge　　　　　zhīma
下巴　　　　　哥哥　　　　　　五个　　　　　芝麻

bǎobei　　　　mùtou　　　　　dòufu　　　　　yǐzi
宝贝　　　　　木头　　　　　　豆腐　　　　　椅子

（三）轻声的作用

轻声这种音变现象跟词汇、语法有密切的联系，具有区别词义、区分词性、区别词和短语的作用。

1. 区别词义

轻声与否，词义不同。

东西（dōngxī）：指东边和西边；或从东到西的距离。

东西（dōngxi）：泛指各种具体的或抽象的事物；或特指人或动物（多含厌恶或喜爱的感情）。

孙子（Sūnzǐ）：人名，战国时著名的军事家。

孙子（sūnzi）：儿子的儿子。

兄弟（xiōngdì）：哥哥和弟弟。

兄弟（xiōngdi）：指弟弟；或称呼年纪比自己小的男子（亲切口气）；或为谦辞，男子跟辈分相同的人或对众人说话时的自称。

2. 区分词性

轻声与否，词性不同，进而词义也有差别。

地道（dìdào）：名词，在地面下掘成的交通坑道（多用于军事）。

地道（dìdao）：形容词，指真正是有名产地出产的；真正的、纯粹；（工作或材料的质量）实在、够标准。

花费（huāfèi）：动词，指因使用而消耗掉。

花费（huāfei）：名词，指消耗的钱。

人家（rénjiā）：名词，指住户；或指家庭；或指女子未来的丈夫家。

人家（rénjia）：人称代词，指自己或某人以外的人，别人；或指某个人或某些人，意思跟"他"或"他们"相近；或指"我"（有亲热或俏皮的意味）。

3. 区别词和短语

干事（gànshì）：动词短语，做事情。

干事（gànshi）：名词，专门负责某项具体事务的人员，如宣传干事、人事干事等。

用人（yòngrén）：动词短语，选择与使用人员；需要人手。

用人（yòngren）：名词，仆人。

运气（yùnqì）：动词短语，把力气贯注到身体某一部位。

运气（yùnqi）：名词，命运；形容词，幸运。

（四）轻声词的范围

一般来说，轻声音节大多出现在口语的常用词中，很少在新词、行业语中出现。下面几种情况，在普通话中通常读轻声。

（1）语气词，如"啊、吗、呢、吧、呗"等，如：

| 行啊 | 好吗 | 你呢 | 说吧 |
| 走呗 | 好着呢 | | |

（2）助词"的、地、得"和"了、着、过"，如：

| 我的 | 慢慢地 | 好得很 | 吃了 |
| 站着 | 去过 | | |

（3）名词、代词的后缀"子、头、们"等，如：

椅子　　　　杯子　　　　馒头　　　　石头
他们　　　　朋友们

（4）名词、代词后表方位的语素和词，如"上、下、里、边、面"等，例如：

车上　　　　楼下　　　　包里　　　　东边
里面

（5）动词、形容词后表示趋向的词，如"来、去、起来、出去、下去"等，例如：

上来　　　　下去　　　　跑起来　　　走出来
坚持下去

（6）部分重叠词的后一个音节，如：

馍馍　　　　饽饽　　　　星星　　　　乖乖
宝宝　　　　爸爸　　　　奶奶　　　　叔叔
舅舅　　　　姑姑　　　　看看　　　　听听
坐坐　　　　试试　　　　说说

（7）双音节动词重叠式ABAB的第二、四个音节，如：

研究研究　　　　　　　　考虑考虑
商量商量　　　　　　　　打扫打扫

（8）重叠动词中间或动词和补语中间的"不"和"一"，如：

吃不吃　　　去不去　　　好不好　　　试一试
尝一尝　　　看不清　　　听不懂　　　吃不完
走不了　　　拿不动

除了以上有规律的轻声之外，还有一些常用的双音节词，第二个音节习惯上读轻声，如：

窗户·	师傅·	事情·	先生·
消息·	知识·	打听·	告诉·
记得·	咳嗽·	商量·	喜欢·
大方·	客气·	马虎·	漂亮·
清楚·	小气·		

二、儿化

(一) 儿化

普通话中有两个"儿",一个有具体的意义,如"儿童、儿子、幼儿"的"儿",卷舌元音 er 自成音节,不能跟其他声母拼合;还有一个"儿"没有具体的意义,如"花儿、一点儿"中的"儿",不能自成音节,只能跟在其他音节的后面,使这个音节的韵母带上卷舌动作,成为卷舌韵母。这种和前面的音节融合在一起,使韵母发生卷舌作用的音变现象叫作"儿化",产生卷舌作用的韵母叫作"儿化韵"。

用汉字书写儿化韵的方式是在音节后加"儿",也可以将"儿"写得小一些,如《现代汉语词典》中标注为"花儿、一点儿";如果不需要特别体现口语色彩,也没有区别词义的作用,"儿"也可以不写出来,如"一朵花"。用汉语拼音拼写儿化音节时,只需在原来的音节之后加上一个卷舌符号"r"。例如:

花儿 huār   鸟儿 niǎor   盆儿 pénr   玩儿 wánr

(二) 儿化韵的发音

普通话有 39 个韵母,除 ê、er 不能儿化外,其余 37 个韵母都可以儿化。韵母儿化时,发音会发生变化,具体情况取决于韵腹和韵尾的性质。

1. 直接儿化

无韵尾或 u 做韵尾时,儿化发音是直接在韵母后加一个卷舌动作。例如:

a [A] → ar [Ar]	（刀）把儿	（去）哪儿
ia [iA] → iar [iAr]	（一）下儿	（豆）芽儿
ua [uA] → uar [uAr]	（画）画儿	（红）花儿
o [o] → or [or]	（泡）沫儿	（山）坡儿
uo [uo] → uor [uor]	（干）活儿	（火）锅儿
e [ɤ] → er [ɤr]	（小）车儿	（一）盒儿
ie [iɛ] → ier [iɛr]	（台）阶儿	（半）截儿
üe [yɛ] → üer [yɛr]	（主）角儿	（肥）缺儿
u [u] → ur [ur]	（小）兔儿	（爆）肚儿
ao [au] → aor [aur]	（灯）泡儿	（小）勺儿
iao [iau] → iaor [iaur]	（小）鸟儿	（面）条儿
ou [ou] → our [our]	（纽）扣儿	（小）偷儿
iou [iou] → iour [iour]	（棉）球儿	（小）妞儿

2. 加 [ə] 儿化

韵母是 i 或 ü 时，儿化发音要在韵母上加 [ə]，再加卷舌动作。例如：

i [i] → ir [iər]	（玩）意儿	（小）鸡儿
ü [y] → ür [yər]	（小）曲儿	（毛）驴儿

3. 韵母变音儿化

韵母是 -i [ɿ] 或 -i [ʅ] 时，儿化发音韵母先变为央元音 [ə]，再加卷舌动作。例如：

-i [ɿ] → -ir [ər]	（写）字儿	（瓜）子儿
-i [ʅ] → -ir [ər]	（没）事儿	（树）枝儿

4. 韵尾丢失，韵腹儿化

韵尾是 -i 或 -n 时（in、un 除外），儿化发音是韵尾丢失，韵腹一定程度央化，同时卷舌。例如：

ai [ai] → air [ɐr]	（名）牌儿	（小）孩儿
uai [uai] → uair [uɐr]	（一）块儿	（乖）乖儿
ei [ei] → eir [ər]	（宝）贝儿	（晚）辈儿
uei [uei] → ueir [uɐr]	（一）会儿	（汽）水儿
an [an] → anr [ɐr]	（花）瓣儿	（快）板儿
ian [iɛn] → ianr [iɐr]	（小）辫儿	（一）点儿
uan [uan] → uanr [uɐr]	（拐）弯儿	（去）玩儿
üan [yan] → üanr [yɐr]	（手）绢儿	（圆）圈儿
en [ən] → enr [ər]	（书）本儿	（嗓）门儿
uen [uən] → uenr [uər]	（嘴）唇儿	（冰）棍儿

韵母是 in 或 ün 时，儿化发音丢掉韵尾，然后加 [ə] 同时卷舌儿化。例如：

in [in] → inr [iər]	（捎）信儿	（脚）印儿
ün [yn] → ünr [yər]	（花）裙儿	（合）群儿

5. 韵尾丢失，韵腹鼻化儿化

韵尾是 -ng 时（ing 和 iong 除外），儿化发音要丢掉韵尾，韵腹鼻化，再加卷舌动作。例如：

ang [aŋ] → angr [ãr]	（帮）忙儿	（药）方儿
iang [iaŋ] → iangr [iãr]	（花）样儿	（透）亮儿
uang [uaŋ] → uangr [uãr]	（蛋）黄儿	（天）窗儿
eng [əŋ] → engr [ə̃r]	（信）封儿	（门）缝儿
ueng [uəŋ] → uengr [uə̃r]	瓮儿	
ong [uŋ] → ongr [ũr]	（胡）同儿	（有）空儿

韵母是 ing 或 iong 时，儿化发音丢掉韵尾，加上鼻化的央元音 [ə̃] 同时卷舌儿化。例如：

ing [iŋ] → ingr [iə̃r]　　（没）影儿　　　　（门）钉儿

iong [yŋ] → iongr [yə̃r]　（小）熊儿　　　　（哭）穷儿

从以上音变规律中可以看出，儿化音变主要表现在韵尾上，其次是韵腹，对韵头、声母没有影响。

(三) 儿化的作用

与轻声一样，儿化也跟词汇、语法有密切的联系，具有区别词义、区分词性和表示感情色彩的作用。

1. 区别词义

儿化与否，词义不同。例如：

门：房屋、车船或用围墙、篱笆围起来的地方的出入口。

门儿：门径；器物可以开关的部分。

头：人身最上部或动物最前部长着口、鼻、眼等器官的部分。

头儿：头领，为首的人；事情的起点或终点。

信：按照习惯的格式把要说的话写下来给指定的对象看的东西；书信。

信儿：音信；信息。

2. 区分词性

儿化与否，词性不同。一般来说，儿化词大多是名词，也有少数量词。例如：

画（动词）——画儿（名词）　　　盖（动词）——盖儿（名词）

尖（形容词）——尖儿（名词）　　黄（形容词）——黄儿（名词）

个（量词）——个儿（名词）　　　卷（动词）——卷儿（量词）

3. 表示某种特定的感情色彩

一般来说，儿化表达细小、轻微的意义，带有亲切、喜爱的感情色彩。

例如：

细小、轻微：一点儿　针尖儿　线头儿　豆芽儿　小事儿

亲切、喜爱：小王儿　小妞儿　老伴儿　宝贝儿　小孩儿

三、语气词"啊"的音变

语气词"啊"用在句尾时，由于受到前一个音节末尾音素的影响，常常发生读音上的变化，具体规律如表 2-13 所示。

表 2-13　语气词"啊"的音变规律

前字末尾音素	"啊"的音变	汉字写法	举例
i、ü、a、o、e、ê	ya [iA]	呀	你呀、雨呀、他呀、破呀、饿呀、欸呀
u	wa [uA]	哇	读哇、走哇、旧哇、好哇、笑哇
n	na [nA]	哪	天哪、怎么办哪
ng	nga [ŋA]	啊	行啊、唱啊、疼啊
-i [ʅ]、er	ra [ʐA]	啊	是啊、吃啊、儿啊
-i [ɿ]	[zA]	啊	字啊、撕啊

【复习与练习（八）】

第七节 语 调

学习要点

- 语调的内涵
- 重音的类型
- 停顿及其类型
- 句调的类型

在现实的交际中，人们正常说话总会抑扬顿挫，有的音节读得高一些，有的读得低一些；有的音节读得重一点儿，有的读得轻一点儿；有的音节之间连接紧密，有的音节之间则会有短暂停顿；有的句子末尾音高加强，而有的会轻微下降。这些声音的变化就是语调，指的是人们交际中的句子的轻重变化、停顿长短以及声音高低的变化。它不仅是语音现象，还与语义、语法有着密切的联系，能表现说话人的情感和态度。

对于汉语学习者来说，即使每个字的声、韵、调发音都准确，但若语调掌握不好，仍会给人"洋腔洋调"的感觉。因此，语调是衡量普通话水平的重要标准，也是汉语语音学习的重要内容之一。

一、重音

语句中念得比较重、听起来比较清晰的音，叫作重音，或语句重音。根据产生的原因，重音可以分为两种：一种是根据语法结构的特点而重读的，叫语法重音；另一种是说话人为了突出句中重要思想或强调特殊感情而重读的，叫逻辑重音。

（一）语法重音

在不同的语法结构中，重读的语法成分是不同的。语法重音的主要规律如下。

（1）谓语中的主要动词常常读重音。例如：

他们出发了。

我已经学了三年汉语了。

（2）表示性状和程度的状语常常读重音。例如：

为了取得好成绩，他认真复习。

今年夏天的雨水真多。

（3）表示状态或程度的补语常常读重音。例如：

这部电影拍得十分感人。

这个想法好极了。

（4）表示疑问和指示的代词常常读重音。例如：

他是谁？

我什么地方都没去过。

（二）逻辑重音

逻辑重音体现说话者的表达重点。同一句话，想要强调的内容不同，重音的位置也不同。例如：

我从图书馆借了一本书。（强调"我"）
我从图书馆借了一本书。（强调"图书馆"）
我从图书馆借了一本书。（强调"借"）
我从图书馆借了一本书。（强调"一本"）
我从图书馆借了一本书。（强调"书"）

二、停顿

停顿指的是谈话或朗读时，句子内部、句与句之间、段与段之间所出现的语音间歇。一句话停顿的地方不同，有时会表达不同的意思。如：

咬死了猎人 / 的狗（狗咬死了猎人）。
咬死了 / 猎人的狗（猎人的狗被咬死了）。

除生理换气的需要之外，停顿常受语法结构、表情达意、节奏规律三方面因素的影响。

（一）语法停顿

语法停顿是反映语言结构层次关系的停顿。在书面语中，较为显著的语法停顿一般都由标点符号表示。不同的标点符号代表不同的停顿长度，从短到长的顺序大致如下：顿号 ＜ 逗号＜分号/破折号＜冒号＜句号/问号/感叹号＜省略号。合理运用不同的停顿，能使言语层次分明、语义清晰。如：

桃树、杏树、梨树，你不让我，我不让你，都开满了花赶趟儿。红的像火，粉的像霞，白的像雪。花里带着甜味儿；闭了眼，树上仿佛已经满是桃儿、杏儿、梨儿。花下成千成百的蜜蜂嗡嗡地闹着，大小的蝴蝶飞来飞去。野花遍地是：杂样儿，有名字的，没名字的，散在草丛里，像眼睛，像星星，还眨呀眨的。

（朱自清《春》）

(二) 逻辑停顿

逻辑停顿是为了强调某一观点、表达某种感情,在没有标点符号的地方作适当停顿,也称强调停顿。例如:

月光／如流水一般,静静地泻在这一片叶子和花上。薄薄的青雾浮起在荷塘里。叶子和花仿佛在牛乳中洗过一样;又像／笼着轻纱的梦。

(康辉读朱自清《荷塘月色》)

(三) 节奏停顿

节奏停顿是针对朗读诗歌而言的,是根据诗歌音乐的内在节奏要求而进行的语音停顿。如汉语五言诗的节奏一般为二三,七言诗的节奏一般为二二三。例如:

白日／依山尽,黄河／入海流。欲穷／千里目,更上／一层楼。

(王之涣《登鹳雀楼》)

天门／中断／楚江开,碧水／东流／至此回。两岸／青山／相对出,孤帆／一片／日边来。

(李白《望天门山》)

总的来看,停顿与说话的速度有关,说话速度快时,停顿就少一些;说话速度慢时,停顿就多一些。在朗读诗歌等文学作品时,要根据作品的内容、情感和风格来决定停顿多少和停顿的时间长短。

三、句调

句调是指整句话的音高升降变化。它与声调一样,都是音高变化形式,但声调针对的是一个音节,依附在声韵结构上;句调贯穿在整个句子中,在句末音节上表现得特别明显。句调一般分为升调、降调、平调和曲调四种。

(一) 升调 (↗)

句调由平升高,常用来表示疑问、反问、惊讶等语气。例如:

明天下雨吗?↗(疑问)

你难道不信任我?↗(反问)

快看,快看,谁来啦?↗(惊讶)

(二) 降调 (↘)

句调先平后降,常用来表示陈述、感叹、请求等语气。例如:

他在人民大学读书。↘(陈述)

多可爱的小猫啊!↘(感叹)

麻烦你想想办法,帮帮忙吧!↘(请求)

(三) 平调 (→)

句调平稳,没有明显的升降变化,常用来表示说明、严肃、冷淡等语气。例如:

此功能需要在联网状态下进行,建议您将设备连接WLAN网络以避免消耗数据流量。→(说明)

10月16日10时10分,新疆博州精河县发生5.4级地震,暂未发现人员伤亡及财物损失情况。→(严肃)

这事跟我无关,不用告诉我。→(冷淡)

(四) 曲调 (↗↘ 或 ↘↗)

句调先高再降,或先降后升,常用来表示惊讶、讽刺、夸张等语气。例如:

啊,↗原来是这样啊。↘(惊讶)

她那么精明的人，↗怎么会出错？↘（讽刺）

他是个倔老头，↘认准的理儿十头牛也拉不回来。↗（夸张）

一句话既有字调又有句调，句调的基础是字调的组合，字调受到句调的调节。句调的升降在句末音节表现得最为明显，因此，句调对字调的影响也往往体现在句尾字的调值上。一般来说，如果句调和字调的高低升降走向一致，那么字调就在原来的基础上稍升或稍降；如果句调和字调的高低升降走向相反，字调就在原来的基础上按照句调的走向稍作变化，以实现发音和谐的效果。

【复习与练习（九）】

第三章

汉　字

第一节 汉字概说

学习要点

- 汉字的特点
- 汉字的起源
- 汉字形体的演变过程
- 造字法

一、汉字的特点

(一) 汉字是方块字

世界上绝大多数民族使用的是拼音文字,而汉民族从古至今使用的都是方块形的汉字。拼音文字大部分都是线性的字母,即在单维空间上延展它的长度;个别也有呈方块形的,如朝鲜的谚文,但与汉字不同的是,谚文方块里面是拼音的字母,而汉字方块里面是笔画和笔画组合,在二维空间上延展长度,所含信息量更大。

(二) 汉字是表意文字

从图画文字发展过来的古汉字,保留了明显的图画意味,经过隶变和楷化，尤其发展到现代汉字阶段，图画意味消失了。不过仍有大量的汉字能说出构字道理，以形声字的形旁为代表，其本身的意义与字义在不同程度上保持着一定联系。如"手"部字，一部分表示与手有关的名称，如"指、掌、拳"；多数表示与手有关的动作，如"按、抱、擦、打、拍、摸、拿、提"等。有些会意字形义统一也很明显，如小土为"尘"，三人为"众"，两手分物为"掰"，日月为"明"。总的来说，汉字在整体上属于表意文字。

（三）同音字、多音字数量多

普通话有1300个左右带声调音节，现代汉语通用字为7000个，那么平均每个音节有5.4个汉字。当然，同音字的分布并不这样均匀，但同音字的数量可想而知，《现代汉语词典》（第7版）"yì"这个音节的拥字量就有93个之多。

多音字的数量也不少。据统计，《现代汉语常用字表》收字3500个，其中多音字数量558个，占总字数的15.94%；《现代汉语通用字表》总字数7000个，其中多音字825个，占比近12%。①

（四）记号成分逐渐增多

所谓"记号"实际上指的是字符中既不能表音，也不能表义的一类符号，比如"因"是记号字，字符"口"和"大"都是记号；"说"字中"兑"既不表音也不表意，是记号，"说"是含有记号的字。有学者曾对《现代汉语常用字表》中的3500个汉字的结构做过分析，得出结论：记号字有587个，占比16.77%；含有记号的字为777个，占比22.20%。② 记号是随着简化字的数量增多而增加的。

---

① 参见许艳平、张金城《现代汉语多音字定量考察》，《长江学术》2010年第2期，168-172页。
② 参见柳建钰《记号字、半记号字及其在现代汉字中基本情况探讨》，《宁夏大学学报》（人文社会科学版），2005年第4期，52-56页。

（五）具有较强的超时空性

由于汉字字形和汉字意义具有一定的联系，汉字可以不依靠读音，而主要由字形参与意义的构成。阅读古代文献时，尽管我们不知道它们在当时怎么发音，但可以通过字形来推断字义，从而理解文献内容。

二、汉字形体的演变

（一）汉字的起源

关于汉字起源有多种说法。

1. 结绳说

《周易·系辞下》记载："上古结绳而治，后世圣人易之以书契。"意思是，上古时代人们用结绳的方法管理各种事务，后来圣人发明了文字，人们改用文字记事管理。按照这种说法，汉字起源于结绳。据考证，结绳确实是原始先民普遍采用的辅助记事的方法之一。中国远古时代已有结绳之说，神农氏时期是结绳记事的最后时代。中国境内的少数民族也多有结绳的传统。但是结绳只能帮助记忆、作契约凭证、传递信息，起记事符号的作用，并不能独立、完整地记录事情。它既没有社会意义，也不是以语言的语音单位为基础的，没有和语言中固定的词联系起来，因而不能记录和传播语言。

2. 八卦说

八卦源起于殷周之际的《周易》，使用八种符号代表自然界的八种现象，并通过这八种自然现象的演变规律，进而推及人事规律。东汉许慎、宋代郑樵等人都认为汉字起源与八卦有关。但这一看法值得商榷。八卦本质是奇数或偶数的排列符号，与汉字的渊源关系不大。汉字中的确有个别文字采用了原始八卦符号作为构字偏旁，因为原始的八卦符号与数字符号都源于用算筹记数的古老记数法。但归根到底，大部分的汉字都不是由八卦演变而来，八卦和汉字是两种性质完全不同的符号系统，我们不能武断地认定汉字起源于八卦。

3. 仓颉造字说

仓颉是黄帝的史官。传说仓颉根据黄帝之意收集表意符号，并加以整理形成最早的汉字。战国两汉时代就普遍流行"仓颉造字"的传说，当时的启蒙文字书《仓颉篇》就反映了这种观念。此外，《荀子》、《吕氏春秋》、《韩非子》等战国秦汉时代的文献都有"仓颉作书"的说法。但是"仓颉造字"的说法还是比较受质疑的，文字不可能只由一个人创造。不过，从"仓颉造字"这段传说中，我们可知，在将原始记事符号收集、整理、加工成文字系统的过程中，作为史官的仓颉曾经发挥过独特的作用。

4. 图画文字说

汉字是世界上最古老的文字之一，也是至今仅存的一种方块表意文字。早在六千多年前，原始社会晚期，汉民族先民就在各种器物上刻画符号用来记事，这些符号后来渐渐演变成为汉字。汉字起源于图画，是可读出来的图画，称为"文字图画"或"图画文字"。后来图画越来越符号化，形成象形的汉字。其实，汉字的发明不是一朝一夕的事情，汉字是经过劳动人民在长期实践中创造发明的。文字最早源于图画。不仅汉字如此，其他几种原始文字也应该是这样。

除此以外，还有"一字说""多来源说""刻契说"等，但影响相对小一些，也都不太符合汉字起源的真实情况。

（二）汉字形体的演变

汉字从产生以来，形体不断地演变和简化，汉字在不同的时代呈现了不同的形体。在近四千年的过程中，出现过甲骨文、金文、篆书、隶书、楷书、行书和草书等7种形体。

1. 甲骨文

甲骨文通行于殷商，因刻在龟甲兽骨上而得名，已经考释的有近千个。因为当时的书写工具是刀笔和骨板，所以笔画细瘦，圆转和方折相间，字形大小不一，往往因笔画多少而异，字的形体结构也不够定型，同一个字的笔画，有时繁简悬殊，异体字很多，如图 3-1 所示。

2. 金文

金文主要通行于西周，多见于周代的钟鼎等青铜器上，又名"钟鼎文"（见图 3-2），已经考释出的有两千多字。由于多铸在青铜器上，金文的笔画比甲骨文的笔画丰满粗圆。金文的形体结构仍不够定型，笔画比甲骨文简化一些，异体字也比甲骨文少一些。

图 3-1　甲骨文图片

图 3-2　金文图片

3. 篆书

篆书是通行于春秋战国时代的一种字体，也叫"籀文"，大篆结构工整，笔画均匀，圆转弯曲。小篆是秦代在大篆基础上统一的标准字体，小篆是大篆的简化和整理，去掉了一些繁杂和重复的部分，淘汰了不少异体字，保留了篆书的圆转笔画特征，如图 3-3 所示。

图 3-3　小篆图片

4. 隶书

隶书是由小篆的省略快写而形成的一种字体，是汉字历史上一次空前的大简化。从出土文物看，它主要是古代奴隶、工人差役（皂隶）、小官吏等书写发展而成的。隶书在汉代是正式字体，后来的隶书经过艺术加工和美化，在笔画方面添了波势和挑法（弯钩），如图 3-4 所示。用点、横、竖、撇、捺等笔画改写篆书所发生的变化叫"隶变"。

5. 楷书

楷书兴于汉末，是隶书的简化或变体，比隶书更便于书写，楷书又称"真书"、"正书"。"楷"是可作模范榜样的意思。楷书盛于魏晋南北朝，它吸收隶书结构匀称明晰的优点，把隶书笔画的波折改为平直，把形体的扁平改为方正，如图3-5所示。楷书出现后，方块汉字就定型了。它一直沿用到今天，成为通用时间最长的标准字体。随着印刷术的发展，楷书又有印刷体和手写体两种，常见的印刷体有宋体（老宋体）、仿宋体、长仿体、正楷体、黑体等。

 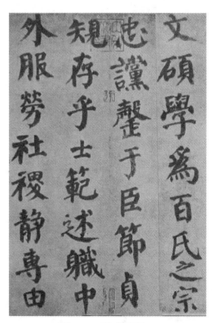

图 3-4　隶书图片　　　　　图 3-5　楷书图片

6. 行书

行书始于魏晋，是介于草书和楷书之间的一种字体。它简化了楷书笔画，兼用草书的连绵笔法（见图3-6）。写得稍微规矩一些，接近楷书的叫作"行楷"；写得放纵一些，接近草书的叫作"行草"。行书比楷书简便，比草书易认，所以直到今天还是手写应用极为广泛的一种字体。

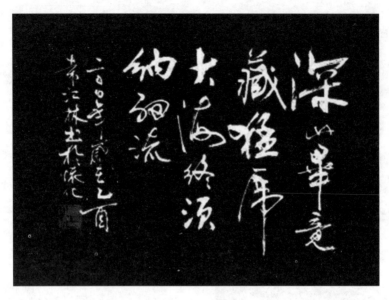

图 3-6　行书图片

7. 草书

草书在汉初时出现,是为书写简便,由隶书连笔快写而成的(见图 3-7)。从历史演变来看,有章草、今草和狂草三种。章草起于西汉,盛于东汉,字体具有隶书的形式,笔画省略变化有章法可循;今草起于东汉末年,风格多样,不拘章法,笔势流畅;到了唐代,又发展成狂草,笔势放荡不羁,成为完全脱离实用的艺术创作。

今天我们使用的汉字,是以楷书为原型的字体。现代汉字是以形声为主要造字方式,以楷书为通用印刷体,基本上采取"语素—音节"原则来记录汉语的一套符号系统。现代汉字的字体在魏晋南北朝时就已经定型了,但这并不等于说魏晋南北朝时的楷书就是现代汉字,因为它还必须采用"语素—音节"的原则记录现代汉语。

图 3-7　草书图片

三、造字法

关于汉字的造字法,从汉朝以来,一直有"六书"的说法,包括象形、指事、会意、形声、转注和假借。

(一)象形

象形是描绘事物形状的造字法。象形字是独体字,不能再拆开分析。它在汉字中占的数量不多,但却是构成汉字的基础。例如"大"字,原来是像一个正面直立的人的形状,手足展开,就表示"大"的意思了。再比如"人"、"女"、"目"、"牛",都是象形字,如图3-8所示。

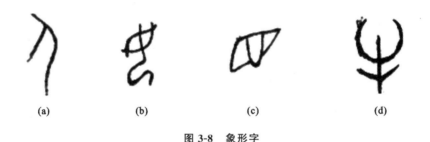

图3-8 象形字

(a)人(像人体的侧视形);(b)女(像交手曲膝跪坐的妇女形);

(c)目(像人眼形);(d)牛(像牛头正面的形状)

(二)指事

指事就是在象征性符号或在象形字上加提示符号来表示某个字。用指事法造字,这是汉字从象形发展到表意的第一步。例如"本",本义指树根,在"木"字下用点或横,指出树根之所在。"上"、"下"、"五"也都是指事字,如图3-9所示。

指事字虽然可以表示一些比较抽象的概念,弥补了象形字的部分不足,但仍有很大的局限,用抽象符号来表示语言中的意义是相当困难的。而且指事的两类结构方式也不平衡:纯指事字很少,在象形字上增加符号的方式用得较多,因为它是以象形字为基础的。总的说来,汉字中用指事方法造的字是比较少的。

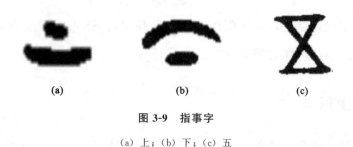

图 3-9 指事字

(a) 上;(b) 下;(c) 五

(三) 会意

会意字是两个以上的字符合成一个汉字,会合它们的意义,来表现该字义所指的事物。例如"休"字,左边表示"人",右边是"树",人在大树下,表示"纳凉休息"的意思。比如"取"字,《说文》解释为"捕取也。从又从耳"。"又"也就是"手",古代战争中杀死敌人后割下左耳,用来邀功请赏,所以"用手取耳"表示"捕获、得到"的意思。再如下面的"从"、"析"、"步",都是会意字,如图 3-10 所示。

图 3-10 会意字

(a) 从(像两人一前一后跟随,本义为跟从);

(b) 析(甲骨文从木从斤,斤为斧的象形。本义是破木,即劈开木头);

(c) 步(像双脚一前一后,本义为步行)

随着汉字的象形性逐渐减弱乃至消失,有许多新造的会意字是用意符会合成义的,这就产生了抽象会意字。

劣:由"少"、"力"两部分构成,意思是力量弱小。

歪：由"不"、"正"两部分构成，不正即是歪。

尘：由"小"、"土"两部分构成，小土为尘。

尖：由"小"、"大"两部分构成，上小下大即是尖。

（四）形声

由表示字义的偏旁和表示字音的偏旁组成新字，这种造字法叫形声法。用形声法造出的字就是形声字，现代汉字大部分是形声字。大致有八种类型：左形右声（河、冻），右形左声（功、期），上形下声（芳、爸），下形上声（货、贷），外形内声（囤、匣），内形外声（问、闻），形占一角（栽、飓），声占一角（厅、旗）。

形声字造字法，兼顾音和义两个方面，既体现了汉字表意功能的原则，又突破了汉字单纯象形表意的体制，使字的结构成分兼有表义、表音的因素，大大增强了汉字的造字能力。现代科学中的化学元素名称大多数就是用这种方法造出新字的，如"氮"、"氧"、"钾"等。这种造字法弥补了单纯依靠字形来表达字义的缺陷，具有强大的派生能力，所以后来成为最主要的造字方法。

（五）转注

转注指同一部首内读音相近而且字义基本相同的字互相解释，互相借用，如"老"和"考"。转注字的数量不多。

（六）假借

假借指本来没有这个字，借用一个同音字来代替。如"汝"本是水名，借为第二人称代词；"其"本义为"簸箕"，借为第三人称代词；"笨"本义为"竹子内膜"，借指"不聪明，愚蠢"。这种假借现象，当初大多是因为没有本字而暂借一个同音字替代，但后来一直沿用下来，久借不还，后来的意义反而代替了当初的意义。

实际上，古人并不是先有"六书"才造汉字。"六书"是后人对汉字分析而归纳出来的系统。然而，当有了"六书"这个系统以后，人们再造新字时，都以这个系统为依据。

"六书"中，转注和假借两种方式又被称为用字法，有人将这两种方式排除在造字法之外，这样造字法就变成了"四书"。"四书"专门指象形、指事、会意、形声四种方式。

【复习与练习（十）】

第二节 现代汉字

学习要点

- 什么是通用字、常用字
- 现代汉字的构形法与构字类型
- 现代汉字的字体、字音和字义

一、现代汉字的数量

（一）汉字的总字数

从商代的甲骨文算起，到现代的简化字，汉字有 3000 多年的历史。汉字流行的时间长、地域广、情况复杂，汉字的总数很多，而且随着时间的推移呈不断增多的趋势。目前收录汉字最全的字库中，古今汉字的总量已经超过 9 万个，这是不同历史阶段出现过的汉字的总和。如果就某一个历史时期而言，使用的汉字数量为六七千个①。

---

① 参见杨润陆《现代汉字学》（第 2 版），北京：北京师范大学出版社，2017 年，第 168-169 页。

(二）现代汉字的字数

尽管汉字的总量很多，但是如果立足于现代汉字的实际使用，则可以发现其中绝大多数都是"死字"。这种"死字"实际已不参与流通，对于人们的使用已经不再具有实际意义。因此，把那些在现代社会中实际流通的、具有生命力的汉字与那些"死字"区别开来，对于指导人们运用汉字的意义极为重大。现代实际使用的汉字，一般有5000～8000个。

（三）通用字和专用字

所谓通用字是相对专用字而言的。现代汉语用字中，凡是不为某些行业、部门或人名、地名、民族名等专用的字，统称为"通用字"。反之，凡为科技、民族、宗教、人名、地名、译音、象声等专用的字，则称为"专用字"。有些字既为科技、民族等专业使用，又是人们日常记事时使用的，仍然应该归入"通用字"。现代汉字的通用字为7000个。

（四）常用字

常用字，顾名思义，就是经常用到的字，也就是使用频率高的字。常用字的数量比通用字要少，为了仔细研究常用字的使用规律，常用字还可以分级，例如一级常用字、二级常用字等。《现代汉语常用字表》共3500字，分常用字（2500字）和次常用字（1000字）两级。

二、现代汉字的字形

研究现代汉字的字形，可以从外部结构和内部结构两个角度展开。外部结构只研究汉字的形体，即构形法；内部结构则讨论字形与字音、字义之间的关系，即构字法。

(一) 现代汉字的构形法

对汉字外部结构的分析即构形法，主要研究一个字是如何由最小的单位构成的，它们的结构层次是怎样的。构形法将汉字分为三个层次：笔画、部件和整字。

1. 笔画

笔画是构成汉字的基本线条，是汉字构形的最小单位。笔画是指书写汉字时起笔到落笔的一个单位。学习汉字时，明确每个汉字的笔画数，对查阅工具书、规范汉字写法有重要的意义。如"学"是 8 画，"生"是 5 画。

笔形是笔画的具体形状。例如汉字的基本笔形是"横（一）"、"竖（｜）"、"撇（丿）"、"点（丶）"、"折（乛）"。

书写汉字时笔画的先后顺序称为笔顺。笔顺的一般规则是先上后下、先左后右、先里面后封口、先中间后两边等。例如："下"，先写上面的横，再写下面的竖和点；"人"先写左边一撇，再写右边一捺；"田"先写外面的框，再写里面的"十"，最后写下面的横封口；"小"先写中间的竖钩，然后写左边的撇，最后写右面的点。当然这些规则并不能包括所有的汉字，有些汉字的笔顺比较特殊。

2. 部件

部件是只由笔画组成的最小单位，具有组合汉字的功能。部件介于笔画和整字之间，它大于等于笔画，小于等于整字。例如，"人"是一个由基本笔画撇和捺组成的最小单位，它是一个部件，可以构成"众""从"等字。"加"包含两个部件"力"和"口"，"整"包含三个部件"束""攵""正"，"花"包含三个部件"艹""亻""匕"。一个汉字最多可以包含九个部件。

部件是通过对汉字构形的切分得出来的。对于构形比较复杂的汉字，可以进行层层切分。

通常我们所说的部件，指的是汉字的末级部件，以"戆"为例，总共切分出了"心、立、日、十、夂、工、贝"七个部件，如图 3-11 所示。

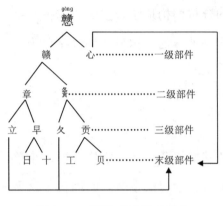

图 3-11 "戆"字的部件切分

3. 整字

整字是指单个的汉字，有读音和意义，是汉字的使用单位。根据构成整字的基础部件数量，可以分为独体字和合体字两类。

（1）独体字：只由一个基础部件构成的汉字是独体字，例如"日、月、人、山、水、木、一、二、上、下"等。根据统计，独体字的数量占现代汉字的 4% 左右。

（2）合体字：由两个或两个以上的基础部件构成的汉字是合体字，例如"现、代、汉、语、字、构、造、法"等。

合体字中部件组合是有规律的，这个规律就是汉字的结构模式。汉字结构可以分为五大类。

① 左右结构。

左右：都、对、海、妈、往、杨。

左中右：班、哪、树、浙、粥、做。

② 上下结构。

上下：爸、花、杰、是、要、音。

上中下：草、冀、薯、章、掌、蒸。

③ 半包围结构。

三面包围：风、凤、同、用、周、匚。

左上包围：店、痕、看、历、石、压。

右上包围：勾、句、可、司、旬、匀。

左下包围：处、还、建、起、远、这。

④ 全包围结构。

国、困、田、因、园、圆。

⑤ 框架结构。

噩、乖、夹、爽、巫、坐。

(二) 现代汉字的构字法

汉字的内部结构分析即构字法，研究汉字字形、字音和字义三者之间的关系，从而得出现代汉字的构字类型。

1. 字符

研究汉字的内部结构，是为了揭示字形和字音、字义之间的联系。从这个角度入手，对汉字进行拆分，得出来的单位是字符。字符和部件不同，字符用于汉字内部结构研究，本身不再进行拆分。部件用于汉字的外部结构，可以分出不同层次，比如一级部件、二级部件、三级部件、末级部件等。研究汉字内部结构，拆分汉字时主要以字理为主。

汉字字符根据它和字音、字义的联系，可以分成三类：音符、意符和记号。凡是和整字在读音上有联系的字符是音符。整字的读音指的是现代汉语中的读音，而不是古音，"读音有联系"指的是字符和整字声韵调完全相同或者是声韵相同。凡是和整字在字义上有联系的字符是意符。整字的意义指的是现代汉语中的常用意义，而不是字的原始意义。和整字在读音和意义上都没有联系的字符是记号。

2. 构字类型

（1）记号字，由记号组成的汉字。独体记号字由一个记号组成，主要来源于古代的象形字，例如"日、月、山、人、大、刀、子、女、手"等。合体记号字由两个或两个以上的记号组合而成。有的来自古代的象形字，例如"马、鱼、燕、鼎、鹿、龟"等；有的来自古代的形声字，这些字意符和音符都失去了作用，就成为合体记号字，例如"骗、特、聊、凫"等；还有的来自古代的会意字，例如"射、至"等。

（2）指事字，由传统指事字构成，例如，"刃"在"刀"的侧面加一点，表示刀刃的位置所在。"本"在"木"下加一点，表示"树根"的意思，引申为"基础的、重要的"之意。类似的例子还有表示数字的"一、二、三"等。

（3）会意字，主要由传统会意字和后来的简化字构成。例如，"森"由三个"木"组成，表示"树林"的意思。"众"由三个人组成，表示"人多"的意思。

（4）形声字，主要指形旁能提供意义信息，声旁能正确提示读音的字。例如，"湖"的形旁为"氵"，表示与"水"有关，声旁"胡"提示读音。"梅"的形旁为"木"，表示与"树木"有关，"每"虽然与"梅"的声调不同，但声旁的标调功能有限，也归入形声字一类。

（5）半形声字，主要指传统形声字中，形旁不表意或者声旁不表音的字。所谓形旁不能表意，指的是从现代汉字常用意义上难以分析出其形旁与字义的关系。例如"笨"，为什么是"竹字头"，与"竹"是什么关系，必须通过溯源才能得知。我们就把它归入"半形声字"类，有人把这类字叫音符加记号字。再如"雪"的形旁大致能提示其与"雨"有关，而声旁是"彗"的省声，不能提示读音了，我们也把它归入"半形声字"之类，有人把这类字叫形符加记号字。当然这种归类可能会因人而异，因掌握汉字知识多少而异，但总体上还是有标准的。

(三) 现代汉字的字体

1. 印刷体和手写体

现行汉字的印刷体指的是印刷汉字时常用楷书的各种变体。它的特点是笔画清晰，端正匀称，便于辨认。

手写体是指用手执笔直接写出来的字。根据运用工具的不同，手写体可以分成软笔字和硬笔字两种。软笔字指传统毛笔字，硬笔字指钢笔字、铅笔字、圆珠笔字、签字笔字等。

2. 字体和字号

常用印刷体有几种变体。

（1）宋体：又叫老宋体、古宋体。笔画横粗竖细，结构方正严谨，是最通用的印刷体。

（2）仿宋体：笔画不分粗细，结构方正秀丽，讲究顿笔。

（3）楷体：又叫大宋体，近于手写楷书。

（4）黑体：笔画较粗，浓黑醒目，一般表示着重时用，常用来排标题。

印刷体按字体大小的不同，分成不同的字号。常用的字号从大到小有初号、小初号、一号、二号、三号、四号、小四号、五号、小五号、六号、七号等（见表 3-1）。

表 3-1　印刷体各种字体字号表

字号	字体			
	宋体	仿宋体	楷体	黑体
初号	字	字	字	字
小初号	字	字	字	字

续表

字号	字体			
	宋体	仿宋体	楷体	黑体
一号	字	字	字	字
二号	字	字	字	字
三号	字	字	字	字
四号	字	字	字	字
小四号	字	字	字	字
五号	字	字	字	字
小五号	字	字	字	字
六号	字	字	字	字
七号	字	字	字	字

三、现代汉字的字音

（一）同音字和多音字

1. 同音字

同音字指字音相同而意义不同的一组字。汉字采用表意体系，所以同音字很多。《同音字典》共收 10503 个单字，除去 160 个非同音异义字外，实收 10343 个。按北京语音 434 个音节分类，平均每个音节约有 24 个同音字；如果加以四声的区别，共有 1332 字左右的音节，根据这个约数，平均每个音节约有 8 个同音字，但实际各组字数多少不等。其中《现代汉语词典》（第 7 版）中 yi 音节所拥有的字数最多，共 169 个。

阴平字 22 个，如：一、伊、衣、医、依、壹等。
阳平字 33 个，如：仪、沂、怡、宜、移、遗等。
上声字 21 个，如：乙、已、以、蚁、倚、椅等。
去声字 93 个，如：亿、义、艺、议、亦、异等。

形声字的声旁和它所组成的形声字，最初都是同音的。但在现代汉字中，有的不同音了，甚至差别很大。这大约有两种原因：一是因为声旁本身是多音字。如"红、江、缸、项、贡"都从"工"，但由"工"所组成的形声字与"工"不同音，"工"在语音发展中变成了多音字。二是因为古今音不同。如"悲"从非声，这是由于"非"古读"bēi"；"拓"和"橐"均从石声，这是由于"石"古音 tuō。

2. 多音字

多音字指字形相同而读音不同的一组字。多音字按意义的不同可以分为多义多音字和同义多音字两类。多义多音字指一个字具有两种或两种以上的读音，不同的读音表示不同的词或语素，意义有明显的差别。如"长（cháng）"和"长（zhǎng）"、"盛（chéng）"和"盛（shèng）"。同义多音字指一个字具有两种或两种以上的读音，不同的读音表示的是同一个词或语素，意义并没有明显的差别。如"剥（bō 和 bāo）"、"壳（ké 和 qiào）"、"谁（shéi 和 shuí）"、"血（xiě 和 xuè）"等。

（二）声旁和字音

有表音作用的声旁，能否体现出表音效果，还要受有关因素的制约，如声旁字是否为常用字、声旁的音形是否单一、声旁部位的规律如何等。现代汉字形声字的声旁在这方面仍处于纷繁、复杂、缺乏明显规律的状态，因而也就进一步干扰、削弱了声符的表音实效。如有些声旁不是常用字，人们就需要首先识读声旁，才能识读该字读音。例如，氐—低、底、彽、抵、砥，常常是形声字比声旁更常用。还有些声旁的音形不单一，现代汉字用作声旁的字有 120 多个是多音的，多音声旁所构成的形声字有的可能同于声旁的多音，有的不同于声旁的多音。再就是声旁位置不固定，形声结构里，声旁的部位或在左、在右，或在上、在下，或居外、居中。声旁部位多变，也增加了人们辨认的难度。

四、现代汉字的字义

（一）单义字

一般说来，字在产生之初都是单义的。随着客观事物本身的发展，它的应用也出现了复杂性。保留在现代汉字中的单义字多数是科技用字、姓名用字、古生僻字、动植物名用字、食品名用字、地名用字等。

（二）多义字

多义字是指一个汉字有多个义项。多义字的义项与义项之间的关系比较复杂，需要认真分析。

1. 不属于同一语素的义项

《现代汉语词典》在编排上对这个问题作了处理，字头分立条目，可以辨认。一般来说，意义有联系的是属于同一语素的；意义没有联系的或失去了明显联系环节的，分属于不同的语素，如"花钱"的"花"，与"开花"的"花"，"雕刻"的"刻"与"时刻"的"刻"。

2. 属于同一语素的各义项之间的联系

各义项之间体现了纵横交错的关系。我们可以从历时的和共时的两方面分析。体现历时的义项关系，即字义发展的历史脉络；体现共时的义项关系，则是字义的现代使用频度。

3. 字的成词义项和不成词义项

有些多义字的各个义项都是单字词词义，或者说是"成词义项"。
例如，"守"有四个义项。①防守（跟"攻"相对）：守住阵地；②守候，看护：医生守着伤员；③ 遵守，遵循：守纪律；④ 靠近，依傍：守着水的地方适合种稻子。这些义项都是可以独立运用的，所以都是词义。有些多义字的各个义项都不是单字词词义，而是不成词语素的意义，或者说是不成词义项。

例如，"习"有三个义项：① 学习，复习，练习：自习；② 对某事物常常接触而熟悉：习以为常；③ 习惯：积习难改。"习"字的这些意义都只能出现在复合词中，不能在句中单独使用。

（三）形旁和字义

形旁指的是形声字中与字义发生联系的那部分。这里需要指出，有些形旁本身是成字的，如"姓"的形旁"女"；有些则不是成字，如"河"的形旁"氵"。

1. 形旁的作用

（1）提示字义的作用。比如，以"扌"作形旁的形声字大多表示与手的行为动作有关，如"推、拉、提、按、抬、搭"等；以"钅"为形旁的字义大多表示与金属有关，如"铁、钢、钱、钣、银、键"等；以"口"为形旁的字义大多表示与嘴有关，如"喊、喝、味、咬、啃"等，以"日"为形旁的字义多与光明有关，如"晴、明、星、暗、曦"等。有了相关的知识，我们就可以通过形声字的形旁来大致了解形声字的字义。

（2）有助于区别形似偏旁。比如，"礻"和"衤"形体十分相似，不易掌握。但如果知道"礻"为"示"的变形，以它为形旁的字大都与鬼神、祭祀、福祸等有关（如"神、祸、祀、祚"等），而"衤"为"衣"的变形，以它为形旁的字多与衣物有关（如"衬、袖、衫、裤"等），书写的时候就不容易将二者混淆了。

（3）形旁还能起到区别同音字的作用。在现代汉字中，往往有多个形声字共用同一个声旁的现象。这些形声字可以利用形旁来相互区别，比如，以"同"为声旁的"桐、峒、铜、茼、酮"等，以"韦"为声旁的"伟、苇、纬、玮、炜"等。

2. 形旁表义的局限性

有人对现代汉字的表义度进行过统计,得出的结论是,只有极少一部分形声字字义与形旁义相同,这一部分占形声字总数的 0.85%;而大多数形声字字义与形旁义只是相关,这一部分占形声字总数的 85.87%;甚至还有一些形声字,其字义与形旁义干脆就看不出有任何联系,这一部分占形声字总数的 13.26%。而且在第二种关系里,形旁义与字义的相关情况十分复杂,而且比较模糊。由此我们可以看出,现代汉字形声字形旁的表义是不精确的,它们表示的主要是粗疏的义类,并不能提供具体的意义信息。我们在利用形旁来研究和学习形声字时,既要注意到形旁表义功能的局限,又要对它采取一个宽容的态度。

【复习与练习(十一)】

第三节　汉字的规范化和现代化

学习要点

- 汉字简化的方法及简化字的优越性
- 汉字字形、字音规范包含的内容
- 汉字信息处理的内涵及技术构成

一、简化字

（一）汉字简化的过程

文字是用来书写的。书写的文字越简单，效率就越高。古代的象形文字因为是摹写词义的，所以象形字的线条有的很繁复，多余度很高，超出了区别不同字形的需要。在使用汉字的过程中，人们为了追求省力省时，往往将那些多余的区别略去不写，在维持字与字之间区别的条件下尽量简省，因此造成同一字的不同写法。就汉字形体演变的历史来看，汉字发展的总趋势是简化。到了明清时期，一些文人学士开始有意识地使用简体字，并出现了关于简化字的言论、文章或著作。五四运动以后，在"国语运动"兴起的同时，简化字运动也得到了发展。

1949 年以后，汉字的简化运动又进入了一个新阶段。1956 年 1 月，国务院公布了《汉字简化方案》。《汉字简化方案》分为三个部分：第一部分即汉字简化第一表，所列简化汉字共 230 个，已经由大部分报纸、杂志试用。应该从 1956 年 2 月 1 日起在全国印刷和书写的文件上一律通用；除翻印古籍和其他特殊原因以外，原来的繁体字应该在印刷物上停止使用。第二部分即汉字简化第二表（所列简化汉字 285 个）。第三部分即汉字偏旁简化表（所列简化偏旁 54 个），也都已经通过有关各方详细讨论，认为适当。《汉字简化方案》所收入的 515 个简化字的笔画总数为 4206 画，平均每字约 8.17 画。比与简化字相对应的 544 个繁体字的平均笔画数减少了近一半。

《汉字简化方案》公布以后，受到了各方面的欢迎，但在人们的实际使用中也发现了一些问题，各方面提出了不少意见。根据群众意见，中国文字改革委员会又编成《简化字总表》。《简化字总表》分为两个部分：第一部分是简化字表，第二部分是偏旁简化字表。简化字表包括《汉字简化方案》内第一表所列 230 个字，以及根据第二表经修订补充的简化字 302 个。偏旁简化字表又分两个部分：第一部分列 116 个简化偏旁，其中包括《汉字简化方案》内汉字偏旁简化表中所列的 54 个简化偏旁，以及由简化字表选出可以用作偏旁的 62 个简化字；第二部分是用上列 116 个简化偏旁类推而成的简化字，计 1382 个，这些字是一般出版物上比较通用的字。

（二）汉字简化的方法

1. 约定俗成

约定俗成是在社会习惯的基础上因势利导，尽量采用已经流行的简化字，只作必要的修改补充，便利简化字的推行。

2. 符号代用

例如，用符号"ㄨ"代替，办（辦）、协（協）、苏（蘇）等；用"又"代替，如仅（僅）、汉（漢）、叹（嘆）等。

3. 同音替代

同音替代在汉字简化中是应用比较广泛的一种方法。例如，有音同义同而替代的，如以"扑"代"撲"，就是因为"扑"与"撲"的本义皆为"击打"，因"扑"笔画少，就用来代"撲"。也有音同义近而替代的，如以"荐"代"薦"。"荐"本义为草席垫子，"薦"为一种草，因音同义近，于是以"荐"代"薦"。还有音同义异而替代的，利用音同或音近的关系，把意义不同的字归并成一个字，以笔画少的代替笔画多的，使代替字的意义范围扩大，被代替的字则废除不用，如以"出"代"齣"，"丑"代"醜"，"叶"代"葉"。

4. 草书楷化

草书字形体简单，但不易辨识。采用草书的形体、楷书的笔画而形成的字，就是草书楷化字，这种方法也叫作草书楷化，如长（長）、为（為）、卫（衛）、专（專）、书（書）。

5. 采用古字

采用古字是指恢复没有繁化以前的同音字，如表（錶）、家（傢）、困（睏）、气（氣）、云（雲）。

6. 形体简化

现代汉字的简化字主要是指笔画的减省和形体的简化。例如，"開"简作"开"，"聲"简作"声"，是笔画的简化；"當"简作"当"，"龍"简作"龙"，是形体的简化。但两者又不是截然对立的，笔画减省的结果，必然简化了原字的形体，字形简化的结果也必然减省了原字的笔画。

（三）简化字的优越性

1. 减少字数和笔画，减轻了人们学习和使用的负担

《简化字总表》中被简化的繁体字有 2264 个。《汉字简化方案》中所收 515

个字，多是宋元以来在社会上长期流行的简体字，人们比较熟悉。这批字加上《简化字总表》收取的经过偏旁类推的简化字，简化字总数达到2236个，占现代汉字中3500个常用字的一大半。

原来2264个繁体字10画以内的只有141个，占总字数的6.2%，简化后的2236个字10画以内的达1267个，占总字数的56.7%，两相比较，简化后10画以内的字数显著上升，增长50%左右。从平均笔画上看，原来繁体字共有36280笔，平均每字16.0笔，简体字共有23055笔，平均每字10.3笔。这就是说每个字平均约减少6笔，书写两千字，少写一万多笔画。简化字结构的清晰和笔画的减少，给人们的认读、书写和技术上的应用带来不少方便。

2. 一些形声字改造得合理了

现代汉字中的形声字大多是古代汉字形声字的继承，由于古今语音的演变，多数形声字的声旁已经与现代汉语的读音不相符合，有的字其声旁已经根本不能表音。如"態、鐘、遷、遞"等繁体字的声旁，都不能用现代汉语普通话的读音来念了，这些字简化以后，改用了表音较准的声旁，变成"态、钟、迁、递"等，就比原来的繁体字好读了。此外，还有一部分繁体字的形旁已经失去了表义作用，有的虽能表义，但笔画繁多，通过简化，把这部分字改为既能表义而又笔画简单的形旁，如"惊（驚）、护（護）、响（響）"等，这样字义就比较容易理解了。

3. 一部分容易读错和写错的字被淘汰了

有些繁体字非常容易读错和写错，给阅读和书写带来了一定困难。如"齣、醖、氈"等经常被错读为"jù、wēn、tán"；经过简化，变成"出、酝、毡"，就不容易读错了。此外有些繁体字很容易写错。如"犠"字，右边的"義"，常常被误写成"义"，"網"常常被误写成"纲"。它们分别被简化成"牺、网"以后，其间的字形差别显著，也就不容易弄混、写错了。

二、汉字的规范

(一) 汉字字形的规范

汉字字形规范化就是要确立每个汉字的标准字形，包括笔画数、每笔的笔形、笔顺和每个字的整体结构。在实行现代汉字规范化时，要符合汉字发展的客观规律，保持汉字本身的系统性，严格做到一字一形，消除一字多形。对汉字字形进行规范，将提高汉字信息的统一性，便于字的识别、传播和沟通等。

1. 整理异体字

异体是和正体（标准体）相对而言的，异体字指音同义同而形体不同的字。1955年12月22日，文化部和中国文字改革委员会（简称"文改会"）发出联合通知，发布《第一批异体字整理表》，列异体字810组，经过整理，淘汰异体字1055个。1956年3月23日，两单位又联合发出补充通知，修正《第一批异体字整理表》。后来，1986年10月重新发布《简化字总表》时，确认《简化字总表》第三表收入的被《第一批异体字整理表》淘汰的11个字为规范汉字。1988年3月25日，国家语言文字工作委员会和新闻出版署又发表《关于发布〈现代汉语通用字表〉的联合通知》，确认被《第一批异体字整理表》淘汰的15个字为规范汉字，经过这些调整，《第一批异体字整理表》淘汰的异体字，由1955年12月22日发布时的1055个减少到1027个，即减少了28个字。

2. 统一字形

汉字分为手写体和印刷体。印刷体字模常用的有宋体和楷体两种。印刷楷体的笔形、笔势同宋体的笔形、笔势差别比较大。据统计，在宋体、仿宋体、楷体各6800多个字里，形体有分歧的占13%，这些字形有的只是一笔一画的增减，有的只是一点一横的差异，有的甚至只是笔画长短的不同，这种现象妨碍了汉字字形的规范化。如认识了"吴"，还要认识"吳"；认识了"俞"，还要记住"俞";认识了"丑",还要记住"丑"。为此,文改会于 1955 年提出进行汉字印刷字模标准化工作,以消除印刷字体字形上的分歧,并使印刷宋体与印刷楷体的字形尽可能一致,原则上使印刷宋体向印刷楷体靠拢。

3. 更改用字

更改用字主要包括更改生僻地名专用字和更改部分计量单位用字。

生僻地名专用字在当地因为常用,也许不感到生僻,但在全国范围内是生僻的。随着国家经济和文化事业的发展,这些字可能变成全国人民都要广泛应用的文字,因而会使扫盲运动以及儿童认字教育增加不必要的负担。从 1955 年 3 月至 1964 年 8 月 29 日,经国务院批准,分 9 次公布了用同音的常用字代替 35 个县级以上地名中使用的生僻字。

汉字的特点是一字一音节,但计量单位名称中却出现了一字两音节或一字多音节。为减少计量单位名称中的复音字和生僻字,1977 年 7 月 20 日,文改会和国家标准计量局发出《关于部分计量单位名称统一用字的通知》,要求"所有出版物、打印文件、设计图表、商品包装,以及广播等,均应采用附表选用的译名,淘汰其他旧译名",淘汰了旧译名中的复音字、生僻字。

4. 汉字正字

从广义上说,汉字正字包括很多内容,如字形的规范、书写格式的要求、标点符号的使用等。狭义的正字只指纠正书写不规范的字即错别字。

(二) 汉字字音的规范

字音的规范化就是根据语音发展的规律来确立和推广标准音。汉字不是拼音文字,字形本身与字音之间的联系比较松散,再加上长期以来的古今音、文白音、方言音的影响,使得现代汉字的字音呈现出复杂的局面,大大加重了学习和使用的负担。

1. 推广正音标准

汉民族共同语是以北京语音作为标准音的,这在 1955 年就已明确规定了。推广标准音是语音规范化的一项重要任务,同时也是语言规范化的重要内容,这就要求我们掌握正确的读音,发音符合普通话的语音规范。北京人说的北京话,未必就是标准的普通话,未必都符合正音的标准,还必须努力克服土调、方言、异读多方面的影响。一般方言区的人在正音方面就更应该努力了。

2. 整理异读词

如果说多音字给认读、记忆汉字带来了困难,那么一字异读则是影响汉字交际功能的障碍。规范异读词的读音是字音规范化的一项重要工作。中华人民共和国成立后,语言文字工作部门很早就开始了这项工作。1963年把之前三次公布的《审音表初稿》辑录在一起,总共审订异读词1800多条。《审音表》公布以来,受到文教、出版、广播及社会各界的广泛重视,对现代汉语语音规范起到了积极作用。

3. 整理多音字

多音字是汉字学习中的一个难点,这不仅由于汉语中多音字的数量多,而且由于其读音又要随意义、词性和用法而定。对于多音字,人们常常有误读的现象,多音字给学习普通话字音增添了很多麻烦。1985年12月,国家语言文字工作委员会、国家教育委员会、广播电视部联合公布的《普通话异读词审音表》,通过对异读词的整理减少了一些多音字。如"指"原有zhǐ(手指)、zhī(指甲)、zhí(指头)三种读音,这种过分精密的区分,增加了学习和掌握的难度,而且也无太大必要,现统读为zhǐ。

4. 纠正错读字

现代汉字没有明显的语音标志,不能够见形知音。形声字虽然有表音成分,但"形"和"声"严重脱节,加上有些字形体相似,有些字一字多音,所以很容易读错字。我们应当提倡读音规范化,用普通话标准音读汉字,消灭误读现象。

三、汉字的技术应用

（一）什么是汉字信息处理

汉字信息处理，就是借助于各种机器、设备对汉字符号系统进行处理的一项科学技术。汉字信息处理不同于中文信息处理，中文信息处理指的是利用计算机对汉语书面形式和口语形式这两种信息进行各种加工，而加工的结果是形成各种信息处理系统。大致说来，中文信息处理的研究与发展呈现四个阶段：字处理阶段、词处理阶段、句处理阶段、篇章处理阶段。汉字信息处理是中文信息处理的"字处理阶段"，这个阶段是汉语所特有的。

大家知道，计算机有键盘，键盘上有26个拉丁字母键、10个数字键，还有数目不等的各种功能键和符号键，加在一起有几十个键。人们靠这几十个键来键入各种文字符号。以拉丁字母为基础的西文自然不成问题，可以在键盘上直接键入。当然，有的还要对键盘和软件作些小的改造，才能更适用。例如：法文多了"é、è、ê、à"等特定字母，德文多了"ä、ö、ü"等特定字母，俄文、日文麻烦就要多些。因此，各个国家和民族要进行本国本族语言文字信息处理（除英文外），都有一个教会计算机认识本国本族语文的问题，国际信息处理界为这种"使计算机具备能够处理各民族语言的开发能力"的研究专门创造了一个术语，叫"民族语言支撑能力"（National Language Support，简称为NLS）。用通俗的话来说，就是各民族都要拿本民族的语言文字给计算机"启蒙"，教电脑本地话，使电脑本土化。而教电脑中文，就是"电脑中文化"。

（二）汉字信息处理技术的构成

一般来说，汉字信息处理技术包括编码、输入、存储、编辑、输出和传输。以下我们分别就汉字编码、输入和输出问题进行介绍。

1. 汉字编码

所谓汉字编码，就是给汉字规定一种便于计算机识别的代码，使每一个汉字唯一地对应于一个数字串或符号串，从而把汉字输入计算机。

一个汉字可以从音、形、义三个方面给它编码，多数人选择音、形或音形结合的信息设计编码方案，也有少数人选择义的信息编码或联想。大致说来，汉字编码方案按抽取汉字信息特征的不同，可以分为音码、形码、形音码和音形码四类。

（1）音码。音码是指按字音编码，采用声、韵、调的信息特征，用全拼、双拼、简拼、混拼等方式键入汉字，通过词、短语乃至语法、语义、语用知识区分同音字、词。音码一般是在现行的汉字拼音方案的基础上设计的，方案之间的区别主要表现在声调表示法、双拼设计、知识结构等方面的不同。采用音码有许多好处。用音码输入，由字音到击键，人的脑力负担较小。汉语拼音方案已有60余年的历史，在国内外广泛推行，以此为基础设计的音码方案，不仅有利于人们学习掌握，而且还有利于推广普通话，有利于我国文化教育事业的发展。

采用音码的主要问题是难以区分同音字。汉语的音节有400多个，这400多个音节所形成的字音代表着成千上万个汉字。目前的音码方案，都把区分同音字作为主要目标。

（2）形码。形码是采用整字、字素、笔画、笔画组、字形结构等字形的信息特征编码键入汉字。

（3）形音码。形音码采用形和音两方面的信息特征编码键入汉字，这种码通常以形为主，有时形是显性的，音是隐性的。

（4）音形码。音形码是采用音和形两方面的信息特征编码键入汉字，通常是以音为主，以形来帮助区分同音字。音形码的设计者们认为，汉字是形、音、义统一的整体，其中，形、音占了绝大多数。因此，在汉字编码中，应以音为主，以形为辅。音形码中的"形"，其主要作用在于区分同音字，有的方案的形为汉字的部首，有的方案的形为汉字的角码。

随着汉字信息处理技术的不断发展与完善，汉字编码的研究已越来越趋向于规范化、智能化和系统化。

第三章　汉字

2. 汉字的输入

（1）汉字键盘输入。最初，人们为了消除印刷业中传统的数量众多的铅字及铅字房，减轻繁重的人工排字操作，根除铅中毒的危害，首先成功研制汉字键盘穿孔机，并在情报处理领域中得到了应用。此后，各种各样的汉字输入装置如雨后春笋般出现。经过多年的发展，在目前国内外的各种汉字输入装置中，键盘式汉字输入方法仍然是一种常用方法。

（2）汉字字形识别输入。汉字字形识别技术不仅仅是一种汉字输入手段，也是模式识别、人工智能研究以及研究开发新一代电子计算机的重要组成部分。

汉字的字形识别可以分为印刷体汉字的识别及手写体汉字的识别，字形的识别方法虽然有多种，但归纳起来其识别的模式均为：在计算机内建立起标准汉字的辞书，选定适当的识别准则，将输入的未知文字与辞书中的标准文字逐个配比，最后根据识别标准判明未知文字为何字。

（3）汉字语音输入。人与人之间的通信方式有两种：一是手写、眼看，通过可视文字和图形传递信息；二是嘴说、耳听，通过声音传递信息。同样，人和计算机之间的信息交换方式也离不开这两种。例如，字符图形显示和图形输入板是第一种人机通信；通过讲话将声音信息输入计算机则是第二种人机通信。第二种人机通信就是语音识别输入。

所谓语音识别输入，是指人们使用频带滤波器等机电装置，对声音传递的语言（音韵信息）进行大量的分析，建立各种音韵特征参数的标准模式（例如语言的频谱参数以及与语言的时间波形直接有关的参数），存入计算机中，再从需要识别的未知语音中提取一套特征参数，采取模式匹配法，跟标准模式的特征参数逐条进行比较，将相似度最高的语音作为识别结果，实现信息输入。

3. 汉字的输出

如果说汉字输入问题是汉字信息处理的第一个难点，那么汉字输出问题就是汉字信息处理的第二个难点。在汉字信息处理系统中，汉字输出是一个重要的组成部分，它是实现人机对话、记录信息、调试程序等必不可少的手段。

汉字进入计算机后，汉字都必须转换成由相应计算机系统所确定的机内代码。在其后的处理过程中，计算机只是对汉字的代码进行处理，而无须涉及汉字本身的形象——字形。最终的处理结果也可以完全用代码表示出来。但是，处理的结果难以直接供人们使用，还必须把代码还原成汉字。这就是汉字的输出过程。

　　已有的计算机系统是建立在字母数字基础上的，它不能处理汉字信息。通过某种方法把汉字输入计算机，再通过适当的软件支持，那么已有的计算机系统也可以对汉字信息进行加工处理。但是，它还不能用汉字的形式输出结果。因此，这样的系统仍然是不实用的。怎样才能让系统输出汉字呢？首先，在计算机系统内要有一个产生汉字形象的字形生成机构，即所谓汉字字形存储器，有时也称作汉字库。此外，要有能输出汉字的设备，目前使用最多的是各类汉字印字机和多种汉字显示器。同时，还要配以相应软件的支持。汉字库是汉字字形的来源，输出设备把汉字字形直接印刷在纸上或在荧光屏显示出来，供人们选用。

【复习与练习（十二）】

第四章

词　汇

第一节 词汇概说

学习要点

- 词汇的含义
- 词汇基本单位：语素、词、固定短语
- 词的结构类型

词汇指一种语言中所有的（或特定范围内的）词和固定短语的总和，又称语汇。词汇是众多词语的汇集，词汇和词的关系是集体和个体的关系。

词汇是语言的建筑材料，人们实际交际中的所有句子都是不同的词经过一定方式排列组合而成的。词汇是语言中最直接反映社会生活的要素，既代表了语言的发展状况，又标志着人们对客观世界认识的广度和深度。就一种语言而言，词汇越丰富，语言的表现力就越强；就个人来说，词汇量越大，就越能充分确切地表达思想。学习汉语的词汇就要自觉地一个一个地积累。扩大词汇量的有效途径通常是多听（在真实交际中有意识地吸收词汇），多读（大量阅读各种作品，学习词汇，培养汉语语感），多用（加强口头和写作实践，主动运用各种类型的词汇）。

一、词汇的基本单位

（一）语素

1. 语素的含义

语素是语言中最小的音义结合体。这个概念说明，语素既有语音形式，又表达一定的意义内容，同时又是最小的、不可分割的单位。例如："学"的语音形式是 xué，意义是"学习"，语音和意义不能再分割为更小的语言单位，因此"学"是一个语素；"徘徊"指"在一个地方来回地走"，尽管其语音形式 páihuái 可切分为两个音节，但单独的"徘""徊"没有意义，因此"徘徊"是一个语素；"蝴蝶"中的"蝶"有语音形式，也有意义内容，是语素，而"蝴"只有语音形式，没有意义内容，不是语素，只有和"蝶"组合在一起才有意义，所以"蝴蝶"是一个语素，因为它从意义上说不能再切分为更小的单位；"花儿"中"花"和"儿"各有语音形式和意义内容（"花"指一种植物，"儿"表细小可爱的语法意义），是两个语素。

2. 语素的分类

语素的分类可以从音节数量、构词能力、语素在所构词中的位置或作用等不同角度展开。

（1）按照音节数量划分，语素可划分为单音节语素和多音节语素。

① 单音节语素：指由一个音节构成的语素，如"天、地、跑、跳、大、小、不、啊"。汉语中的语素绝大多数都是单音节语素。

② 多音节语素：由两个或两个以上音节构成的语素。双音节语素一般是联绵词、叠音词或译音词，如"蝴蝶、奶奶、坦克"等；三音节以上的多音节语素绝大多数是译音词，如"巧克力、奥林匹克、亚里士多德"等。

（2）按照语素的构词能力划分，语素可分为自由语素、半自由语素和不自由语素。

① 自由语素：指能独立成词的语素，也叫成词语素。自由语素可以单说或单用，除此之外，大部分自由语素还能自由地跟别的语素组成词，位置可前可后。

学：【单独使用】我学了三年汉语。

【与其他语素组词，位置在前】学费、学科、学历、学习、学生。

【与其他语素组词，位置在后】科学、哲学、医学、数学、大学。

书：【单独使用】这本书我看过了。

【与其他语素组词，位置在前】书包、书本、书柜、书籍、书架。

【与其他语素组词，位置在后】新书、丛书、古书、证书、说明书。

② 半自由语素：指不能独立成词，但能同其他语素自由组合的语素。例如"民""习"，在现代汉语中不能独立使用，但可与其他语素组成词，位置可在前也可在后。

民：【与其他语素组词，位置在前】民歌、民间、民生、民俗、民主。

【与其他语素组词，位置在后】人民、农民、居民、牧民、网民。

习：【与其他语素组词，位置在前】习惯、习气、习俗、习性、习作。

【与其他语素组词，位置在后】复习、练习、实习、学习、自习。

③ 不自由语素：不能独立成词，在跟别的语素组合成词时位置比较固定，或者只能在前，或者只能在后。

阿：【与其他语素组词，位置只能在前】阿飞、阿公、阿婆、阿姨、阿爸。

子：【与其他语素组词，位置只能在后】凳子、桌子、柜子、孩子、儿子。

从构词能力看，半自由语素和不自由语素都不能独立成词，可以合称为不成词语素，也叫"黏着语素"。

(3) 按照语素在所构词中的位置划分，语素可分为定位语素和不定位语素。

① 定位语素：指在构词时位置相对固定的语素。有的语素总是前置（如"第""初"），有的语素总是后置（如"们""头"）。不自由语素都是定位语素。

② 不定位语素：指在构词时位置不固定的语素，既可以放在词的前面，也可以放在词的末尾。自由语素和半自由语素都是不定位语素。

（4）按照语素在构词中的作用划分，语素可分为词根和词缀。

① 词根：表示词的基本意义的语素，包括自由语素和半自由语素。词根是词的主要组成部分，在体现词义上起着重要的作用。

② 词缀：表示词的附加意义或起语法作用的语素，即定位、不自由语素。在词根前的词缀叫"前缀"，如"老、阿"；在词根后的词缀叫"后缀"，如"子、儿、头"。

语素可从不同角度进行划分，但综合起来看，各种分类存在一定的对应关系（见表4-1）：如自由语素、半自由语素在构词中的位置是不固定的（不定位语素），常常表示词的基本意义（词根）；不自由语素在构词中的位置常常是固定的（定位语素），表示词的附加意义或起一定的语法作用（词缀）。

表 4-1　语素的分类

构词能力		在构词中的位置	在构词中的作用
成词语素	自由语素	不定位语素	词根
不成词语素	半自由语素		
	不自由语素	定位语素	词缀

（二）词

词是最小的能够独立运用的音义结合体。判定一个语言单位是否为词，必须综合考虑"独立运用"和"最小的"两个标准。

所谓"独立运用"是指能够单独成句或者单独起某种语法作用。例如"他很努力"中，"他""努力"都可以单独成句，都是词；"很"虽然不能单说，但能单独起语法作用（充当状语成分，修饰"努力"的程度），也是词；"努""力"既不可单说，也不单独起语法作用，不是词，而是语素。需要注意的是，能够独立运用的不一定都是词，也可能是短语，比如"他是我的朋友"中，"我的朋友"可以独立运用，不过内部还可再分析出"我""的""朋友"三个独立运用的单位，不是"最小的""独立运用"的单位，因此不是词。

另一个标准"最小的"是指词不能扩展，即在词中间一般不能插入其他成分；如果能够扩展，就不是词，而是短语。如"白菜、高兴、骑兵"不能扩展为"白的菜、高的兴、骑的兵"，它们是词；"白纸、高楼、骑马"可扩展为"白色的纸、高大的楼房、骑了一匹马"，"我的朋友"可以扩展为"我的一位朋友""我的好朋友"，因此它们都是短语。

在词的定义中，能否"独立运用"可以将词和语素区分开来，"最小的"（即不能扩展）这一标准可以区分出词和短语。两个标准相结合，才能划清词和语素、短语的界限。

（三）短语

短语是词与词的语法组合，例如"欢乐的节日""了解情况""物产丰富"等等。短语能够独立运用，但它不是最小的语言单位，包含两个或者两个以上的词。如短语"深入调查分析"包含"深入""调查""分析"三个词。

固定短语是短语中的特殊类型，自身具有极强的凝固性，一般不能任意增减、改换其中的成分。固定短语主要包括专名（专有名称）与熟语两类。专名包括组织名（如"中国人民大学""世界贸易组织"）、活动名（如"奥林匹克运动会""春节联欢晚会"）、书刊名（如《现代汉语》《新华字典》）、影视名（如《卧虎藏龙》《家有儿女》）等。熟语包括成语（如"八仙过海""守株待兔"）、惯用语（"开倒车""不管三七二十一"）、歇后语（如"外甥打灯笼——照舅（旧）""小葱拌豆腐——一青（清）二白"）、谚语（如"伤筋动骨一百天""竹篮打水一场空"）等。

（四）词、语素、汉字的关系

词是造句的单位，语素是构词单位，汉字是记录它们的书写符号。它们之间既有区别又有联系。

1. 词和语素的关系

语素和词都是音义结合的语言单位：语素是用于构词的最小语言单位；词

第四章　词汇

由语素构成，可以独立运用。从这个关系看，词是比语素大的单位：词是造句单位，语素是构词单位。语素组合之后构成词，唯有自由语素可独立成词，此时语素和词同形。例如，"学生"一词由"学"和"生"两个语素构成；"葡萄"一词由一个语素构成（"葡""萄"都没有意义，不是语素）；"家"是自由语素，独立运用时为词，即语素和词是同形的。

从数量上看，一个词可以由一个语素构成，如"天、枇杷、康乃馨"；也可以由几个语素构成，如"人民、学生、玫瑰花"由两个语素构成，"小提琴、现代化、自行车"由三个语素构成。

2. 语素和汉字的关系

汉字是汉语表现为书面语形式的书写单位，一个书写单位就是一个字。在现代汉语中，一个语素常常用一个汉字来书写，也就是说汉字和语素基本上是一一对应的。如"学、书、民、习、阿、子"，无论是自由语素、半自由语素，抑或是不自由语素，只要是单音节，都用一个汉字来书写。但也有一些不对应的情况，主要表现在以下几个方面。

（1）多个汉字对应一个语素。如多音节语素"蝴蝶、巧克力、奥林匹克"等，分别由两个、三个、四个汉字来书写。

（2）一个汉字对应多个语素。主要包括多音字和同音字两种情况。多音字有几个读音就有几个语素，例如"行"有两个读音，有两个语素；"差"有四个读音，有四个语素。

好：hǎo（好人）、hào（爱好） （两个语素）

差：chā（差别）、chà（差劲）、chāi（出差）、cī（参差） （四个语素）

同音字字形相同、读音相同，但意义之间没有关联，这也是不同的语素。例如，下面的"花"就是两个语素。

花：huā ① 可供观赏的植物（种花）；
② 用，耗费（花费）。

现代汉语（上）

(3) 一个汉字在某种情况下是语素，在另外的情况下不是语素。例如：

马车——马虎　　　　沙滩——沙发　　　　力量——巧克力

"马、沙、力"在"马车、沙滩、力量"中有语义内容，是语素；而在"马虎、沙发、巧克力"中不表示意义，不是语素。

总而言之，词、语素与汉字之间的关系是比较复杂的。在单音节词中，一个词就是一个语素，用一个汉字来书写；在多音节词中，词、语素与汉字就不是一一对应了。表 4-2 表明了它们之间的关系。

表 4-2　词、语素、汉字的关系

例子	词	语素	汉字
天	1	1	1
蝴蝶	1	1	2
彩蝶	1	2	2
迪斯科	1	1	3
华尔街	1	2	3
驾驶员	1	3	3

二、词的结构类型

词是由语素构成的。只含有一个语素的词是单纯词，由两个或两个以上语素组成的词是合成词。

（一）单纯词

单纯词是由一个语素构成的词，整个词只表示一个意思，不能拆开。单纯词不存在语素之间的结构关系或结构方式问题。从语言形式角度分析，单纯词有单音节单纯词和复音节单纯词两种。

1. 单音节单纯词

单音节单纯词由一个单音节语素构成。如：

大　　　高　　　鸟　　　他　　　雨　　　这

2. 复音节单纯词

复音节单纯词由双音节或多音节语素构成，主要包括联绵词、音译词、叠音词和拟声词。

（1）联绵词：两个音节连缀成义，而且不能分拆的词。可分为以下三种情况。

① 两个音节声母相同的双声联绵词。如：

仿佛　　吩咐　　尴尬　　伶俐　　枇杷　　蜘蛛

② 两个音节韵母相同或相近的叠韵联绵词。如：

从容　　叮咛　　葫芦　　玫瑰　　苗条　　芍药

③ 非双声叠韵的联绵词。如：

垃圾　　马虎　　牡丹　　珊瑚　　蜈蚣　　犹豫

（2）音译词：根据外族语词的声音翻译过来的词，也叫译音词。如：

吉普　　幽默　　巧克力　　三明治　　莎士比亚　　西双版纳

（3）叠音词：由两个相同音节重叠构成的词。如：

饽饽　　猩猩　　皑皑　　茫茫　　谆谆　　孜孜

（4）拟声词：模拟声音的词。如：

嘀嗒　　哗啦　　叮当　　轰隆隆　　噼里啪啦　　叽叽喳喳

（二）合成词

合成词是由两个或两个以上语素组合构成的。在现代汉语词汇中，合成词占绝大多数。从合成词内部语素与语素的结构关系、组合方式角度分析，合成词可以分为复合式、附加式、重叠式三种。

1. 复合式合成词

复合式合成词由两个以上不同的词根组合在一起，构成一个词，简称复合词。其中词根和词根之间有以下几种组合方式。

（1）联合式：由两个意义相同、相近或相反（相对）的词根并列组合而成，也称并列式。如：

语言　　思想　　手足　　动静　　买卖　　始终

（2）偏正式：前一语素修饰、限制后一语素，后一语素是词义的中心。两个语素是修饰与被修饰、限制与被限制的关系。如：

电灯　　汉语　　干洗　　重视　　笔直　　鲜红

（3）动宾式：前一语素表示动作、行为，后一语素表示动作、行为所支配、关涉的事物。前后语素之间是支配关系或关涉关系，也叫"支配式"。如：

管家　　留神　　就业　　伤心　　司机　　投资

（4）补充式：后一语素补充、说明前一语素，前一语素是词义的中心。如：

① 改善　　看见　　纠正　　说明　　提高　　推广
② 车辆　　房间　　花朵　　马匹　　人群　　纸张

第一组补充式合成词中，前一词根表示动作，后一词根补充说明动作的结果；第二组补充式合成词中，前一词根表示事物，后一词根表示事物的单位。

（5）主谓式：前一语素表示事物，后一语素陈述说明这一事物。两个语素之间是陈述与被陈述的关系，也叫"陈述式"。如：

地震　　海啸　　年轻　　霜降　　心酸　　月亮

2. 附加式合成词

附加式合成词由词根和表示附加意义的词缀组合在一起，构成一个词，也叫"派生词",可分为前缀式和后缀式两种。

(1) 前缀式:前缀+词根。如:

老师　　阿姨　　第一　　初十

(2) 后缀式:词根+后缀。如:

桌子　　花儿　　木头　　老式　　画家　　绿化

后缀式中还有一种特别的类型,是"词根+叠音词缀"的。如:

红通通　　绿油油　　金灿灿　　水汪汪　　喜洋洋　　傻乎乎

3. 重叠式合成词

重叠式合成词由两个相同的词根重叠在一起,构成一个词,简称重叠词,包括 AA 式和 AABB 式两种。

(1) AA 式。如:

哥哥　　妈妈　　常常　　往往　　仅仅　　渐渐

(2) AABB 式。如:

风风火火　　兢兢业业　　形形色色　　影影绰绰

> **注意:**
>
> 重叠词与单纯词中的叠音词是不同的。叠音词是单纯词的一种类型,是由同一音节重叠而成的,重叠后的音节是一个语素,不能单用一个音节。例如"茫茫、猩猩"不能单说成"茫、猩"。AA 式重叠词是由两个相同的词根重叠构成的,有时两个词根可以只用一个,意思基本不变。例如"哥哥、妈妈"可以单说成"哥、妈"。

将上述各个类型归纳到表 4-3，可以更为直观地了解词的结构的整体情况。

表 4-3　词的结构类型简表

单纯词	单音节单纯词			大、高、鸟
	复音节单纯词	联绵词	双声	仿佛、伶俐
			叠韵	从容、葫芦
			其他	牡丹、珊瑚
		音译词		幽默、巧克力
		叠音词		皑皑、孜孜
		拟声词		嘀嗒、哗啦
合成词	复合词	联合式		语言、思想
		偏正式		电灯、汉语
		动宾式		管家、留神
		补充式		改善、车辆
		主谓式		地震、海啸
	派生词	前缀式		老师、阿姨
		后缀式		桌子、红通通
	重叠词	AA 式		哥哥、妈妈
		AABB 式		风风火火

【复习与练习（十三）】

第二节 词 义

学习要点

- 词义的性质与构成
- 本义、基本义、转义的内涵
- 同义词的辨析
- 反义词的类型

一、词义的性质与构成

词是音义结合体，语音是词的形式，词义是词的内容，是对事物、现象的反映。

(一) 词义的性质

1. 概括性

词义是对某类事物或现象的概括。例如"手表"，现实生活中有各种各样的手表，在品牌、材质、大小、颜色、功能等方面都有差异。《现代汉语词典》

对"手表"的解释是"戴在手腕上的表"①。这一解释概括了各种手表普遍的、一般的特征,也把手表与其他类别的事物区分开来,这就是词义的概括性。

2. 模糊性

词义的模糊性是指词义的范围、界限不确定。这是由词义所反映的事物的界限不明确造成的。例如"小伙子"指的是"青年男子",但"青年"的年龄范围并没有一个明确的界限,这就造成了"小伙子"词义不明确的模糊性。

3. 民族性

词义是人们对事物、现象的概括,不同语言的使用群体在概括时必然表现出一定的差异,这就使词义表现出民族性的特点。例如,与英语相比,汉语的亲属称谓更为复杂。汉语对同辈堂亲、表亲的称呼有"堂兄、堂弟、堂姐、堂妹、表兄、表弟、表姐、表妹",这些词从意义上看既区分血缘关系("堂~—表~"),也区分性别("堂兄/弟—堂姐/妹"、"表兄/弟—表姐/妹"),还区分年龄("堂兄/姐—堂弟/妹、表兄/姐—表弟/妹"),而英语中与之对应的 cousin 一词并没有这些意义上的区别特征。

(二) 词义的构成

词义的构成包括理性义和色彩义。

1. 理性义

词的理性义是与概念相联系的意义部分,是人们对客观事物特征的概括所形成的意义,也称概念义。理性义是词义的核心部分,词典对词条所作的解释主要是理性义。

主路:机动车行驶的主要道路,一般路面较宽。
辅路:主路旁边修建的辅助性道路,一般路面较窄。

---

① 本章所有释义除特殊说明外,均出自《现代汉语词典》(第 7 版),北京:商务印书馆,2016 年。

人行道：马路两旁供人步行的便道。

"主路"的理性义中，"机动车行驶"部分使其与"人行道"区别开来，"主要道路，一般路面较宽"部分使其与"辅路"区别开来。

2. 色彩义

词的色彩义附着在理性义之上，表达人或语境所赋予的特定感受。主要包括感情色彩、语体色彩和形象色彩。

1）感情色彩

感情色彩是指词义所附带的表示褒贬的态度。表示说话人对有关事物肯定、赞许、褒扬等感情态度，就是词义中的褒义色彩，这样的词称为褒义词。如：

成果　　丰碑　　聪明　　勇敢　　持之以恒　　光明磊落

表示说话人对有关事物否定、厌恶、贬斥等感情态度，就是词义中的贬义色彩，这样的词称为贬义词。如：

叛徒　　懦夫　　卑鄙　　狡猾　　道貌岸然　　勾心斗角

无所谓肯定或否定的评价、没有感情色彩的词是中性词，大多数词都是中性词。如：

大学　　专业　　语言　　锻炼　　如此而已　　气喘吁吁

2）语体色彩

语体色彩是指词由于经常出现在某种语言场合而形成的风格色彩。带有书面语色彩的词语，常出现在书面语体中。如：

诞辰　　夫人　　磋商　　交谈　　斟酌　　倘若

多用于口语语体的词常带有口语色彩。如：

生日　　老婆　　商量　　聊天儿　　考虑　　要是

3）形象色彩

形象色彩指词义所表现出来的人们对所指对象产生的形象感。具有形象色彩的词常在形态、动态、颜色、声音方面突出、增强事物的形象特征。

形态：汗颜　　喇叭花　　柳眉　　梯田　　驼背

动态：蚕食　　鲸吞　　　雀跃　　垂柳　　吊兰

颜色：翠绿　　海蓝　　　墨黑　　桃红　　杏黄

声音：乒乓球　布谷鸟　　呼噜　　叮当　　轰隆隆

二、词的义项

（一）什么是义项

义项是对词的理性意义的分项说明。一般而言，词的一个理性意义即为一个义项。除了单义词外，语言中的其他词都是多义词，都有两个以及两个以上的义项。词的义项来自实际的语境，词在语境中表现出多少种意义即意味着它有多少个义项。就一个词而言，词的各个义项是彼此相关的互补关系，每个具体语境只有一个义项适用。例如：

我的邻座是一位白发苍苍的老先生。（对有一定身份的成年男子的尊称）

作为弟子，我长期跟随先生学习和工作。（老师）

她先生出差去上海了。（称别人的丈夫）

（二）义项的分类

按照词的义项在共时和历时词义系统中的地位和作用，义项可分为以下三类。

1. 本义

本义即词的原始意义，一般只指最早的文献意义。如"兵"的本义是"兵器、武器"，"大"的本义是"与'小'相对"，"亮"的本义是"明亮"，"走"的本义是"跑"①。

---

① 本义释义来自《古汉语常用字字典》（第5版），北京：商务印书馆，2016年。

2. 基本义

基本义是最常用、最核心的义项。如"兵"的基本义是"士兵","大"的基本义是"在体积、面积、数量、力量、强度等方面超过一半或超过所比较的对象（跟'小'相对）","亮"的基本义是"光线强","走"的基本义是"人或鸟兽的脚交互向前移动"。本义与基本义有时可以等同，如"大""亮"等；有时则不一致，如"兵""走"等。

3. 转义

转义是由基本义直接或间接转化而来的义项。词的转义主要由引申和比喻两种途径产生。

（1）引申义：在基本义的基础上推演发展出来的意义。引申义强调的是事物之间的相关性。

头：【基本义】人身最上部或动物最前部长着口、鼻、眼等器官的部分 → 物体的顶端或末梢（如"山头、笔头儿"）→ 事情的起点或终点（如"话头儿、提个头儿"）→ 物品的残余部分（如"布头儿、蜡头儿、铅笔头儿"）。

笔杆子：【基本义】笔的手拿的部分 → 写文章的能力 → 擅长写文章的人。

（2）比喻义：借用词的一个义项来喻指与之无关的事物。比喻义是词的比喻用法固定下来的意义，它源自事物之间的相似性。

包袱：【基本义】包衣服等用的布。→ 比喻某种负担。

后台：【基本义】剧场中在舞台后面供演员化装、休息的部分。演出的艺术工作属于后台范围。→ 比喻在背后操纵、支持的人或集团。

迷雾：【基本义】浓厚的雾。→ 比喻使人迷失方向的事物。

比喻义和一般的因比喻手法而临时产生的修辞义不同。比喻义已成为多义词中固定的意义，即使离开了一定的语境仍保留该义，记录在词典中。而比喻手法产生的修辞义则是临时的，离开了那个语境，该义就消失了。如"包袱、后台、近视、结晶、帽子、迷雾"都有比喻义,都是固定义;而"鲜花"一词只有在"姑娘好比鲜花"这类句子中才有"姑娘"的修辞义,用的是临时的比喻用法。

(三) 单义词和多义词

根据义项的多少,可以将词分为单义词和多义词。只有一个义项的词叫单义词,如:科学术语(基因、氮气、原子、质数),专有名词(联合国、人民币、长城、中国人民大学),常见事物的名称(饼干、儿歌、公共汽车、木船)等,多是单义词。多义词是相对于单义词而言的,是指同时存在几个互有联系的意义的词。它在词典中有多个义项,义项之间互相联系。

铁:本义指金属元素、符号 Fe,引申用来形容确定不移,如"铁定 | 铁的事实 | 铁案"。它所包含的这两个义项虽然互不相同,但又互相联系。

浅:本义指从上到下或从外到里的距离小(跟"深"相对),引申有"(颜色)淡"(如"淡红 | 淡绿")、"(时间)短"(如"年代浅 | 相处的日子还浅")等意义。包含的义项虽互不相同,但也是互相联系的。

闹:① 喧哗,不安静(如"热闹 | 闹市 | 这里闹得很,没法儿看书");② 吵,争吵(如"又哭又闹 | 两个人又闹翻了");③ 扰乱,搅扰(如"闹公堂 | 大闹天宫");④ 发泄(感情)(如"闹情绪 | 闹脾气");⑤ 害(病),发生(灾害或不好的事)(如"闹病 | 闹肚子 | 闹水灾 | 闹矛盾 | 闹笑话");⑥ 干、弄、搞(如"闹革命 | 闹生产 | 把问题闹清楚");⑦ 开玩笑,逗(如"打闹 | 闹洞房")。七个义项不尽相同,但又相互联系。

汉语中,单音节的多义词往往义项很多,如《现代汉语词典》(第 7 版)中,"红"有 6 个义项,"天"有 13 个义项,表示动作的"打"有 24 个义项。而多音节的多义词,一般只有两三个义项。

烘托:① 国画的一种画法,用水墨或淡的色彩点染轮廓外部,使物象鲜明;② 写作时先从侧面描写,然后再引出主题,使要表现的事物鲜明突出;③ 陪衬,使明显突出:蓝天烘托着白云 | 红花还要绿叶烘托。

现代汉语中,多义词的数量多于单义词。多义词的产生与社会生活的发展、人类思想认识的精密化有关。多义词的产生具有积极的意义，既可以丰富词的内涵，又能够扩大词的使用范围。

三、同义词和反义词

（一）同义词

1. 同义词的类型

意义相同或相近的两个或两个以上的一组词，互为同义词。同义词可分为两大类：等义词、近义词。

1）等义词

等义词是意义完全相同，所指对象完全相同，在任何语境中都能相互替换的一组词，也称为"绝对同义词"，如"斧子——斧头、站台——月台、吉他——六弦琴、力气——气力"等。

表示同一事物、现象的不同形式的词，都进入一种语言的词汇系统，就出现了等义词。"斧子"和"斧头"是同一词根加了不同的后缀；"吉他"是译音词，"六弦琴"是意译词；语素"气"和"力"排列顺序不同，构成"力气"和"气力"。等义词在汉语词汇系统中数量很少。

2）近义词

意义大同小异，或者意义相同但附属色彩、用法、功能等不同的一组词，是近义词，也称"相对同义词"或"条件同义词"。这种词由于互相之间存在种种细微差别，应用时不能任意相互替换。若换用，就会发生语义上、色彩上的变化，如"错误——失误、延误——耽误、干脆——索性、愚昧——愚蠢、显露——披露——裸露——表露——透露"等。

在词汇系统中，近义词的数量远远超过等义词。因此，一般所讲的同义词即指近义词。下文提到的同义词，实际就是近义词。

2. 同义词的作用

现代汉语的同义词十分丰富。精心选用同义词，对于增强语言的表达效果有积极的作用。

（1）恰当选用同义词能使语言表达更加精确、严密。

他们对女儿虽然十分疼爱，但却始终坚持一个原则：绝不能娇惯溺爱独生女，要自小培养她独立奋发的精神。

（《人民日报》1993年4月）

（2）同义词前后换用，可以使语言表达生动活泼，富于变化。

它还会丰富多腔地叫唤，长短不同，粗细各异，变化多端，力避单调。

（老舍《猫》）

（3）同义词连用可以加强气势，突出语义，增强表现力，使节奏更和谐。

来自新华社香港分社及香港各界人士3500多位欢聚一堂，频频举杯，互道新喜，共祝国家蒸蒸日上、兴旺发达，香港繁荣昌盛、更加美好。

（《人民日报》1998年）

3. 辨析同义词的方法

辨别、分析同义词的差别，可以从意义、色彩、用法三个角度入手。

1）意义方面

（1）意义轻重不同。有些同义词（多为动词和形容词）在某些特征或程度方面表现出语义的轻重区别。如："冷淡——冷漠"都有不热情、不关心的意义，但"冷漠"语义比"冷淡"重，"冷漠"着重指对人对事漠不关心、心肠硬、缺乏同情心；"冷淡"着重指对人对事缺乏感情、不热心，或疏远、不亲密。类似的有"失望——绝望、请求——恳求、轻视——蔑视、骄傲——傲慢"等。

（2）词义范围大小不同。有些同义词（一般为名词）所指对象的范围有大小之别。如："感情——爱情"，"感情"指对人或事物关切、喜爱的心情，范围较大；"爱情"指男女相爱的感情，范围较小。类似的有"边疆——边境、时代——时期、局面——场面、战争——战役"等。

（3）个体与集体不同。有些同义词虽然指的是同一事物，但却有具体和概括的不同。如："书——书籍"，前者指的是具体的书，而后者指的是书的集合体。

类似的有"词——词汇、车——车辆、人——人口、星——星辰"等。

（4）词义侧重点不同。有些同义词是一个语素相同而另一个语素不同，它们之间的区别就在于不同语素所表现出来的语义侧重点不同。如："快捷——敏捷"都有迅速、灵敏的意思，但"快捷"侧重在"快"，指速度快；"敏捷"侧重在"敏"，指动作或反应灵敏、灵活。类似的有"预测——推测、延长——延伸、掩盖——掩饰、激烈——剧烈——强烈——猛烈"等。辨析这类同义词可以采用"语素比较法"，着重比较一组词中相异的语素的意义。

2）色彩方面

（1）感情色彩不同。有些同义词所包含的理性意义基本相同，但感情色彩有褒义、中性、贬义的区别。如："成果——结果——后果"都有"结局"的意思，三者分别是褒义词、中性词、贬义词。类似的有"爱护——保护——庇护、坚强——顽强——顽固"等。

（2）语体色彩不同。有的词常用于书面语，有的常用于口语，有的则通用于书面语和口语。如："母亲——妈妈、生涯——生活、吝啬——小气、交谈——聊天儿"，每组的前一个词有书面语色彩，后一个词有口语色彩。

3）用法方面

（1）搭配对象不同。如："到达——达到"都表示"到"的意思，"到达"搭配的对象较具体，而"达到"搭配的较抽象；"关心——关怀"都表示"放在心上、重视、爱护"，"关心"可对人对物，而"关怀"一般只对人；"体验——体味"这两个词都有通过亲身的感受去了解、认识事物的意思，"体验"的对象常常是生活、现实、现象等，"体味"的对象常常是语言文字所包含的意味、人的情意、事物的趣味等。类似的还有"爱护——爱戴、履行——执行、繁荣——繁华、冷淡——冷清"。

（2）词性和句法功能不同。如："突然——忽然"都表示情况发生得迅速而又出乎意料，不过"突然"是形容词，"忽然"是副词；"清纯——纯洁"都是褒义词，常常用来形容年轻女性单纯、纯粹，不同之处在于"清纯"是形容词，"纯洁"可做形容词，也可做动词；"快速——迅速"都表示速度快，都是形容词，但"迅速"常做谓语、受程度副词修饰，而"快速"一般不能。类似的还有"希望——愿望、充分——充满、合适——适合、申明——声明"等。

（二）反义词

1. 反义词的类型

意义相反或者相对的一组词，互为反义词。反义词有两类：绝对反义词和相对反义词。

1）绝对反义词

绝对反义词指构成反义关系的两个词在意义上是矛盾关系，没有中间状态。它的特点是"非 A 即 B"。如"有←→无"是相互矛盾的，非"有"就是"无"，非"无"就是"有"。类似的有"生←→死"、"动←→静"、"出席←→缺席"等。

2）相对反义词

相对反义词指构成反义关系的两个词在意义上处于两个极端，是反对关系，但存在中间状态。它的特点是"非 A 也不一定 B"。如"长←→短"是对立的，但"不长"不一定就是"短"，也存在"不长不短"的中间状态。类似的有"黑←→白"、"多←→少"、"先进←→落后"等。

两个词如果构成反义词，一般来说，必须词性一致、音节一致、结构一致，语素尽量相反。

2. 反义词的对应关系

（1）多义词的几个义项可以有不同的反义词。例如"开"在不同的语境中，表示不同的意义，对应的反义词也不同，如"开门←→关门"、"花开←→花谢"、"开幕←→闭幕"、"开工←→停工"。

（2）一组同义词可以有共同的反义词，如"过时、落伍、陈旧"这组同义词的反义词都是"时髦"。

（3）一组同义词可以有不同的反义词，如同义词"骄傲"、"自豪"，反义词不同，分别为"谦虚"、"自卑"。

3. 反义词的作用

（1）反义词可以突出事物间的矛盾关系，形成鲜明对比。

电视剧《人间正道》以吴明雄的成功与肖道清的失败告终。

（《人民日报》1998年）

（2）多组反义词连用，可以加强语气、强调核心意义，富于感染力。

《家族全史》卷，以30余万字的长篇，翔实地细说这个家族的漫长历程，上下600余年，再现了各个时代的广阔社会生活，写尽家族的苦难与幸运、成功与失败、辉煌与耻辱、沉沦与新生，从不同时期描绘了家族内生活的风貌。

（《人民日报》1997年7月）

（3）反义词可以构成对偶、映衬的句子，使叙述简练明确、语言更加深刻。

谦虚使人进步，骄傲使人落后。
远亲不如近邻。

（4）在构词上可以形成仿词，或用反义语素形成词语，增强语言的表现力，给人留下更深的印象。

第二天早晨，她们的头发上都结了霜。男同志们笑她们说："嘿，你们演'白毛女'都不用化妆了！"她们也笑男同志，"还说哩！你看，你们不是'白毛男'吗？"

（魏巍《年轻人，让你的青春更美丽吧！》）

【复习与练习（十四）】

第三节　现代汉语词汇的组成

学习要点

- 基本词汇的特点
- 一般词汇的内涵
- 熟语的构成及特点

现代汉语词汇系统包括汉语中所有的词和固定短语。根据词汇的稳定程度、使用频率、构造新词的能力，可以将现代汉语词汇分为基本词汇和一般词汇（非基本词汇）两大类（见图4-1）。基本词汇是词汇体系的核心和基础，一般词汇包括古语词、新词、方言词、行业语、外来词等。此外，一般词汇中还有一种形式固定、意义凝固的特殊词汇单位——熟语，包括成语、谚语、惯用语和歇后语。

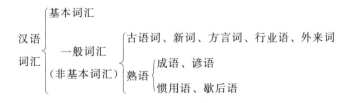

图 4-1　现代汉语词汇的组成

一、基本词汇

基本词是指语言交际中使用时间长、使用频率高，反映自然界和人类社会生活中一些最基本概念的词语。基本词汇就是基本词的总和，它包含的词比一般词汇包含的词要少。

（一）基本词汇的范围

基本词汇通常包括以下一些方面的词语。

（1）表示自然界常见事物，如：

日　月　星　河　雨　雪　风　水

（2）表示生活或生产用品，如：

锅　碗　盆　鞋　灯　刀　车　船

（3）表示人身体各个部分，如：

头　眼　耳　口　手　腿　心　脚

（4）表示亲属关系的称谓，如：

爸爸　妈妈　爷爷　奶奶　哥哥　姐姐　儿子　女儿

（5）表示人或事物的行为、变化，如：

走　跑　吃　喝　听　说　读　写

（6）表示人或事物的性质、状态，如：

大　小　高　低　多　少　好　坏

（7）表示指称、替代，如：

你　我　他　这　那　哪　什么　这样

(8) 表示数量、单位，如：

一　二　三　百　千　万　斤　尺

(9) 表示程度、范围、关联等，如：

很　最　非常　都　全　和　因为　虽然

(10) 表示语气，如：

吗　啊　呢　吧　嘛　哦　唉　哎哟

（二）基本词汇的特点

1. 全民常用性

基本词汇使用频率高、流行范围广，是全民族普遍使用的词语，不受地域、行业、年龄、文化程度等方面的限制，在语言交际中不可缺少。全民常用性是基本词汇的根本特点。

2. 稳固性

基本词汇所指称的事物、表达的概念和关系都是极为稳定、很少变化的，因此基本词在语言交际中也不容易发生变动，长期为使用这种语言的社会服务。当然，基本词汇具有稳固性，并不意味着它在语言交际中一成不变。随着社会的发展，基本词汇也在不断调整、扩充。

3. 能产性

基本词是全民常用、较为稳固的词语，用其作为语素创造出的新词，更容易让人理解和接受。所以，基本词就成了构造新词的基础，它们一般有很强的构词能力。例如，由"白"打头构成的词，在《现代汉语词典》中有192个，像"白班、白菜、白卷、白描、白杨"等。构词能力强是基本词汇的一个重要特点。

二、一般词汇

基本词汇以外的词汇是一般词汇。现代汉语一般词汇来源复杂、类型多样,包括古语词、新词、方言词、行业语、外来词等。

(一) 古语词

古语词源于古代汉语,包括历史词和文言词。

1. 历史词

历史词是指历史上曾经出现过,但在现实中已经消失了的事物或现象的词语。例如:

戟(jǐ):古代兵器,把矛和戈结合于一体,具有刺击和钩杀双重功能,后代形制有所变化。

钺(yuè):古代兵器,青铜或铁制成,形状像板斧而较大。

科举(kējǔ):从隋唐到清代朝廷通过分科考试选拔官吏的制度。唐代文科的科目很多,每年举行。明清两代文科只设进士一科,考八股文,武科考骑射、举重等武艺,每三年举行一次。

私塾(sīshú):旧时家庭、宗族或教师自己设立的教学处所,一般只有一个教师,采用个别教学法,没有一定的教材和学习年限。

太上皇(tàishànghuáng):皇帝的父亲的称号,特称把皇位让给儿子而自己退位的皇帝。

尚书(shàngshū):古代官名。明清两代是中央政府各部的最高长官。

2. 文言词

文言词是指从古代文言作品中沿用下来的,所表示的事物或现象还存在于本民族现实生活中的一些词。文言词常有浓重的书面语色彩。

翘楚（qiáochǔ）：《诗经·周南·汉广》："翘翘错薪，言刈其楚。"郑玄注："楚，杂薪之中尤翘翘者。"原指高出杂树丛的荆树，后用来比喻杰出的人才。

菡萏（hàndàn）：荷花。

饕餮（tāotiè）：传说中的一种凶恶贪食的野兽，古代鼎、彝等铜器上面常用它的头部形状做装饰，叫作饕餮纹。比喻凶恶贪婪的人，或比喻贪吃的人。

耄耋（màodié）：老年；高龄。

纨绔（wánkù）：细绢做的裤子，泛指富家子弟的华美衣着，也借指富家子弟。

拨冗（bōrǒng）：推开繁忙的事务，抽出时间。

在一些特殊场合（政论文、公文等）恰当使用古语词，可以使语言精练、简洁，表达庄重的感情或态度。

我们悠久的历史是各民族共同书写的。早在先秦时期，我国就逐渐形成了以炎黄华夏为凝聚核心、"五方之民"共天下的交融格局。秦国"书同文，车同轨，量同衡，行同伦"，开启了中国统一的多民族国家发展的历程。此后，无论哪个民族入主中原，都以统一天下为己任，都以中华文化的正统自居。分立如南北朝，都自诩中华正统；对峙如宋辽夏金，都被称为"桃花石"；统一如秦汉、隋唐、元明清，更是"六合同风，九州共贯"。秦汉雄风、大唐气象、康乾盛世，都是各民族共同铸就的历史。今天，我们实现中国梦，就要紧紧依靠各族人民的力量。

（习近平在全国民族团结进步表彰大会上的讲话，2019年9月27日）

（二）新词

新词指的是语言中新产生、新出现的词。当一个社会加速发展的时候，新事物不断问世，人们思维比较活跃，新词新语就会大量涌现。广义的新词包括新词形和新义项。

1. 新词形

新词形是指以前没有出现过的生词。

春晚　　代购　　电商　　二维码　　高铁　　拉黑
欧巴　　刷屏　　微信　　云盘　　　支付宝　一带一路

2. 新义项

新义项是指旧的词形出现了新的义项。

大使：原指由一国派驻在他国或国际组织的最高一级的外交代表，全程特
　　　命全权大使。
　　　新指为推动某项事业的开展而做推介、宣传等工作的代表性人物。

光盘：原指用激光束记录和读取信息的圆盘形存储载体，分为可擦写型、
　　　一写多读型和只读型三类，也叫光碟。
　　　新指吃光盘子中的食物。

平板：原指平淡死板，没有曲折变化。
　　　新指平板电脑（便携式电子计算机的一种）。

山寨：原指在山林中设有防守栅栏的地方；有寨子的山区村庄。
　　　新指仿造的、非正牌的；非主流的，民间性质的。

下课：原指上课时间结束。
　　　新指辞职或被撤换。

宅：原指住所、住宅。
　　　新指待在家里不出门（多指沉迷于上网或玩电子游戏等室内活动）。

新词的发展趋势有两种可能：有的由于被全民广泛应用而进入基本词汇，如"手机、电脑"；有的继续作为一般词汇在某些范围内使用，或者随着指称事物的消失而逐渐隐退，如"面的（用作出租车的小型面包车）、大哥大（早期对手机的俗称）"。

（三）方言词

方言词指普通话从各方言中吸取来的，带有一定方言色彩的词语。

瘪三：〈方〉上海人称城市中无正当职业而以乞讨或偷窃为生的游民为瘪三。

搞掂：〈方〉搞定。原为粤语，传入北方话地区后多说搞定。

侃大山：〈方〉漫无边际地聊天儿；闲聊。也作砍大山。

买单：〈方〉在饭馆用餐后结账付款，泛指付款。"买单"来源于粤语的"埋单"，"埋单"传入北方话地区多说"买单"。

呛声：〈方〉在公共场合表达自己的主张，多指对他人（尤其是政治人物）的主张或行为提出反对意见（多用于台湾地区）。

饮茶：〈方〉到酒楼、茶楼喝茶、吃点心等，分早茶、午茶和下午茶，是粤港一带流行的生活方式。

这些方言词都表达了某种特殊的意义，所以被吸收到普通话中来。不同语体、不同类型的文章中使用方言词的频率是不同的。人们的口语中、描述风土人情的文学作品里，方言词的使用频率较高，而公文、科技著作中不用或很少使用方言词。

（四）行业语

行业语是指在特定行业或领域中使用的词语。每个行业都有自己的行业语，一个人只要从事某种行业，就会掌握这个行业的行业语。

教育领域：教学、备课、讲义、自习、教师、课程

经济领域：商品、资本、成本、投资、价值、股票

法律领域：原告、被告、辩护人、律师、诉讼、民法

戏曲领域：亮相、脸谱、圆场、对白、行头、青衣

语言学领域：音素、元音、义项、语素、形声字、主语

第二语言教学领域：习得、偏误、中介语、对比分析、关键期、教学法

(五) 外来词

外来词是从其他民族语言中吸收的词,也叫借词。现代汉语中外来词的形式主要有以下几种。

1. 音译

音译:用同音或音近的汉字表示外来词的读音。如:

安琪儿(angel)　　巴士(bus)　　咖喱(curry)
吉他(guitar)　　咖啡(coffee)　　巧克力(chocolate)

2. 音译兼意译

音译兼意译:在用汉字表示外来词读音的同时,又能通过汉字的意义表示与外来词相关的意义。如:

奔驰(Benz)　　迷你(mini)　　托福(TOEFL)
香波(shampoo)　　维他命(vitamin)　　可口可乐(Coca-Cola)

3. 半音译半意译

半音译半意译:把一个外来词分为两部分,一部分音译,一部分意译。下列各例中画线部分为意译,另一部分为音译。如:

冰激凌(ice cream)　　华尔街(Wall Street)
剑桥(Cambridge)　　新西兰(New Zealand)
因特网(internet)　　浪漫主义(romanticism)

4. 音译加表意语素

音译加表意语素:将外来词音译后,加一个表示事物类别的汉语语素。下列各例中加点字为表意语素。如:

卡片(card)　　啤酒(beer)　　保龄球(bowling)

芭蕾舞（ballet）　　　比萨饼（pizza）　　　香槟酒（champagne）

5. 借形

借形：直接借用外来词，包括两类：一类是直接借用日语中的汉语词。如：

经济	银行	广告	证券	保险	景气
革命	政党	纲领	民主	阶级	政治

另一类是直接用外语字母、缩写或跟汉字、数字等组合而成的词。如：

WORD	EXCEL	PPT	PDF	VIP	APEC
A股	B超	T恤衫	维生素C	AA制	卡拉OK
F1	B2C	3D技术	4S店	PM2.5	MP3

三、熟语

熟语是语言中定型的固定短语，包括成语、惯用语、歇后语、谚语等。熟语的内部构造比词复杂，一般是词组或句子的结构，但它们具有格式固定、意义整体、使用现成等特点，作用和功能相当于词。因此，熟语也是现代汉语词汇的组成部分，属于一般词汇。

（一）成语

1. 成语

成语是人们经过长期使用、锤炼而形成的固定短语，它是比词的含义更丰富而语法功能又相当于词的语言单位。成语富有深刻的思想内涵，简短精练、易记易用。多数为四个字，也有三字的以及四字以上的成语，还有的成语分成两部分，中间由逗号隔开。

金玉满堂　　　海阔天空　　　国色天香　　　八仙过海

莫须有　　　一言以蔽之　　　万变不离其宗　　　得道多助，失道寡助

2. 成语的特点

（1）源远流长。成语都有一定的来源，成语一经形成和出现以后，就长期为人们所使用。如"宾至如归""唇亡齿寒""厉兵秣马""朝不保夕""有恃无恐"等都出自春秋末年的《左传》，有着悠久的历史。

（2）结构凝固。结构凝固指的是成语的结构成分和结构关系不能随意更改或变动。从成语的结构成分来看，不得任意换用和增减。例如，不能把"欢天喜地"改为"欢天笑地"，也不能把"南腔北调"说成"东腔西调"，不能把"狼狈为奸"增添为"狼狈而为奸"。从成语的结构关系来看，也是不能随意变动的。比如"愚公移山"的内部结构是主谓关系，"重见天日"是动宾关系。不能把"愚公移山"改成"移山愚公"，也不能把"重见天日"改成"天日重见"。

（3）意义整体。意义整体是指成语的意义跟词的意义一样，往往不是成语各个成分的意义的简单相加，而是以整体来表达特定意义的。例如，"高山流水"不是高山上的流水，实际是指知音难遇或乐曲高妙。再如"胸有成竹"的意义也不是"胸腔里有现成的竹子"，而是比喻做事之前已经有通盘的考虑。可见，成语的意义一般具有双层性，表面意义的作用仅仅是以其形象性来体现成语的实际含义。成语的这个特点是一般固定短语所不具备的。

（4）风格典雅。成语多来自古代文献典故，书面语体色彩较强，表意庄重、典雅，与惯用语、歇后语、谚语通俗、平易的风格不同。

3. 成语的来源

成语主要来源于以下几个方面。

（1）神话寓言。

狐假虎威（《战国策·楚策一》）

精卫填海（《山海经·北山经》）

开天辟地（《三五历纪》）

守株待兔（《韩非子·五蠹》）

愚公移山（《列子·汤问》）

朝三暮四（《庄子·齐物论》）

（2）历史故事。

草木皆兵（《晋书·苻坚载记》）

毛遂自荐（《史记·平原君虞卿列传》）

三顾茅庐（《三国志·蜀志·诸葛亮传》）

望梅止渴（《三国志·魏书·武帝传》）

闻鸡起舞（《晋书·祖逖传》）

卧薪尝胆（《史记·越王勾践世家》）

（3）诗文语句。

悲欢离合：人有悲欢离合，月有阴晴圆缺。（苏轼《水调歌头》）

春色满园：满园春色关不住，一枝红杏出墙来。（叶绍翁《游园不值》）

老骥伏枥：老骥伏枥，志在千里。（曹操《步出夏门行·龟虽寿》）

扑朔迷离：雄兔脚扑朔，雌兔眼迷离。（北朝民歌《木兰辞》）

青梅竹马：郎骑竹马来，绕床弄青梅。（李白《长干行》）

心有灵犀：身无彩凤双飞翼，心有灵犀一点通。（李商隐《无题》）

（4）外来文化。

佛教：不二法门、顶礼膜拜、回头是岸、昙花一现、五体投地

外语：一石二鸟（英语）、火中取栗（法语）

（5）口头俗语。

| 不三不四 | 咬文嚼字 | 头重脚轻 | 拖泥带水 |
| 细水长流 | 心直口快 | 阳奉阴违 | 一心一意 |

4. 成语的语法结构特点

成语是一种固定词组，分析掌握成语的语法结构，可以更好地理解成语的含义、掌握成语的造句功能、准确灵活地运用成语。成语的语法结构与词组是

相同的，其结构方式大致有以下几种。

并列关系：古今中外、博学多才、良师益友、分门别类、财大气粗
偏正关系：弥天大谎、世外桃源、中流砥柱、揭竿而起、默默无闻
主谓关系：鞭长莫及、鹏程万里、胸有成竹、言者无罪、叶公好龙
动宾关系：包罗万象、粉饰太平、顾全大局、混淆黑白、置之度外
连动关系：拍案叫绝、负荆请罪、借刀杀人、刻舟求剑、量体裁衣
动补关系：流芳百世、妙不可言、危在旦夕、稳如泰山、逍遥法外
兼语关系：请君入瓮、调虎离山、引人入胜、耐人寻味、化险为夷

值得注意的是，并列关系、偏正关系又分别有几种情况。在并列关系中，"古今中外"四字都是并列的，"博学多才""良师益友"是偏正＋偏正，"分门别类"是动宾＋动宾，"财大气粗"是主谓＋主谓。在偏正关系中，"弥天大谎""世外桃源""中流砥柱"是定中式，"揭竿而起""默默无闻"是状中式。

（二）惯用语

1. 惯用语

惯用语是口语色彩较浓的短小定型的习惯用语，多为三字格。结构形式以动宾、偏正为主，其他结构类型较少。

动宾式：穿小鞋　　开倒车　　碰钉子　　挖墙脚
　　　　磨嘴皮子　做白日梦　唱对台戏　卖狗皮膏药
偏正式：传声筒　　红眼病　　眼中钉　　靠边站
并列式：陈芝麻烂谷子　当面锣对面鼓　刀子嘴豆腐心

2. 惯用语的特点

（1）形式上具有一定的灵活性，有些惯用语可以插入其他成分或者前后变换顺序。例如"碰钉子"比喻遭到拒绝，在具体使用中可以说成"碰了几个钉子"、"碰了个大钉子"、"钉子碰多了，自然就有了经验"等。

（2）意义上具有整体性。惯用语的意义不是构成成分意义的简单相加，而是主要通过比喻等方法获得修辞转义。例如"穿小鞋"不是指穿着很小的鞋，而是比喻暗中对人进行刁难或施加约束、限制等；"传声筒"的字面意思是话筒，其特点是虽然会发出声音，但都是别人说话的声音，因此惯用语"传声筒"用来比喻照着人家的话说，自己毫无主见的人。

（3）具有浓重的口语色彩，不适合在庄重的正式场合使用。惯用语带有贬义的比较多，讽刺意味较浓，使用时要分清对象，不能随便使用。例如"挖墙脚"比喻用破坏手段使人或集体垮台或使事情不能顺利进行，"红眼病"指羡慕别人有名或有利而心怀忌妒的毛病。

3. 惯用语的来源

（1）来自日常生活。惯用语是人们口头创造的语言形式，大部分来自日常生活。

① 用具体人物形象特征作比喻。

二愣子　　人尖子　　大红人　　二百五　　二传手　　三只手

② 用具体动物形象特征作比喻。

笑面虎　　白眼狼　　地头蛇　　老黄牛　　铁公鸡　　夜猫子

③ 来自具体事物名称。

铁饭碗　　小算盘　　保险箱　　走马灯　　炮筒子　　乌纱帽

④ 来自食品名称。

半瓶醋　　一锅粥　　炒冷饭　　家常饭　　掉馅饼　　吃鸭蛋

（2）出自古代诗歌或文章。

耳边风：百岁有涯头上雪，万般无染耳边风。

（杜荀鹤《赠题兜率寺闲上人院》）

不管三七二十一：若三日没有银时，老身也不管三七二十一，公子不公子，一顿孤拐，打那光棍出去。

（冯梦龙《警世通言》卷三十二）

(3) 来自民俗、神话或传说、历史故事或事件等。

来自民俗：抬轿子、摆擂台、抱金砖

来自神话或传说：搭鹊桥、紧箍咒、聚宝盆、鬼门关

来自历史故事或事件：空城计、鸿门宴、借东风、诸葛亮

(4) 从其他语汇减缩或转化而来。
① 来自成语。

碍手脚：碍手碍脚　　　抱不平：打抱不平　　　黄粱梦：黄粱美梦

② 来自歇后语。

白费蜡：瞎子点灯——白费蜡　　　狗咬狗：狗咬狗——一嘴毛
一场空：竹篮打水——一场空　　　空架子：八月里的黄瓜棚——空架子

总之，惯用语是一种生动活泼的词汇，凡是过去、现在的具体人、事、物都可以通过打比方引申出新的意义，为语言表达服务。

(三) 歇后语

歇后语是由近似于谜面、谜底的两部分组成的带有隐语性质的口头固定短语。歇后语的前一部分是比喻，即说出一个事物来打比方；后一部分是真实的意义所在。

根据前一部分与后一部分的关系，可以将歇后语分为以下两类：

1. 喻意歇后语

喻意歇后语：前一部分是比喻，后一部分解释前一部分的含义。

擀面杖吹火——一窍不通　　　隔着门缝看人——把人看扁了
哑巴吃黄连——有苦说不出　　木头眼镜——看不透
石碑上钉钉子——硬碰硬　　　黄鼠狼给鸡拜年——没安好心

2. 谐音歇后语

谐音歇后语：前一部分说一件事情，后一部分借助音同或音近现象来表达

某种意思，起到一语双关的作用。例如"外甥打灯笼——照舅（旧）"就是这种谐音的歇后语。外甥打着灯笼照亮舅舅，"旧"和"舅"同音，后半句"照旧"就是歇后语要表达的真正意思，即"没有变化，跟以前一样"。再比如，"打破砂锅——问到底"，"打破砂锅"和"问到底"本来毫无关系。这个歇后语利用了"问"和"璺（wèn）"的谐音。"璺"音同"问"，指陶瓷、玻璃等器具上的裂痕。砂锅的特点是打破后裂纹直到锅底，将"问"代替"璺"就有了"打破砂锅——问到底"这个歇后语，表面言称"打破砂锅"，实际意指"追问到底"。这样的歇后语还有很多。

飞机上挂暖瓶——高水瓶（平）　　隔着门缝吹喇叭——鸣（名）声在外

孔夫子搬家——尽是书（输）　　腊月里的萝卜——冻（动）了心

上鞋不用锥子——针（真）好　　小葱拌豆腐——一青（清）二白

口语表达、写文章时，恰当地运用一些歇后语，文章就会显得生动活泼，给人鲜明、深刻的印象。但要注意，歇后语的运用要和文章的风格一致。写严肃的事情，在庄严的场合不宜使用。

（四）谚语

谚语是流传于民间的言简意赅、多反映人们生活实践经验的固定短语。与成语、惯用语、歇后语不同，谚语在形式上是简短的句子，但由于不能随意改变句子成分，往往被当作一个整体引用，故而仍为词汇的成员。

谚语内容广泛、丰富，种类繁多，其具体分类如下：

1. 气象谚语

朝霞不出门，晚霞行千里。

立春一日，水暖三分。

日落胭脂红，无雨必有风。

2. 农业谚语

春雷响，万物长。

清明前后，种瓜种豆。

瑞雪兆丰年。

3. 生活谚语

冬吃萝卜夏吃姜，不用医生开药方。

饭后百步走，能活九十九。

有钱难买老来瘦。

4. 处世谚语

若要人不知，除非己莫为。

谦虚使人进步，骄傲使人落后。

狭路相逢勇者胜。

5. 励志读书谚语

刀不磨要生锈，人不学要落后。

蜂采百花酿甜蜜，人读群书明真理。

世上无难事，只怕有心人。

谚语大多具有说理性，把抽象的道理寓于具体的形象之中，更容易被理解。

【复习与练习（十五）】

第四节 字典和词典

学习要点

- 常见字典、词典的特点
- 部首检字法、音序检字法
- 词典释义的方法

字典、词典是收集字或词语按照某种顺序排列并加以解释,供人查阅参考的工具书,它们能够提供汉字或词语的读音、解释、例句、用法等信息。学习语言离不开字典和词典,一部好的字典或词典就像是一位循循善诱的老师,能够为学习者解释字义或词义、指明用法、解决学习中的问题。因此,熟悉查检字典、词典的方法,了解常用的释义方法,有助于汉语学习者科学地使用工具书,不断积累词汇量,掌握汉语字词的规范用法。

一、字典、词典简介

字典、词典是为字或词提供读音、意思解释、例句、用法等的工具书。西方没有字典的概念,只是中国独有。字典以收字为主;词典以收词为主,也会收字。

(一) 字典、词典的类型

根据内容和性质的不同,字典和词典有不同种类。按时代可以分为古代汉语和现代汉语的,也有古今内容兼收的,如《汉语大字典》和《汉语大词典》。按内容有收一般语词的,如《现代汉语词典》;有收某类语词的,如《汉语新词词典》、《中华谚语大辞典》等;还有专收某一个领域语词的,如《红楼梦词典》、《水浒词典》等。从编写目的来看,有专为语言文字规范化编写的,如《现代汉语规范词典》;有专为辨析同义词、反义词编写的,如《新华同义词词典》、《新华反义词词典》。从编写对象看,除了上述为汉语母语者编写的内向型词典外,还有专供汉语作为第二语言学习者使用的外向型词典,如《商务馆学汉语词典》。

(二) 常见字典、词典介绍

中国字典和词典的编纂历史都很长,最早的字典是东汉许慎编著的《说文解字》,最早的词典是汉朝初年的《尔雅》,最早的方言词典是西汉扬雄的《方言》。下面介绍几部现在常见的字典和词典。

1.《新华字典》

《新华字典》是中国第一部按《汉语拼音方案》音序排列的字典,注音准确,释义简明扼要。2011年修订出版第11版,收单字13000个左右(包括繁体字、异体字),带注解的复音词3000余个。2020年8月,第12版正式首发。

2.《现代汉语词典》

《现代汉语词典》是为推广普通话、促进汉语规范化服务的,以记录普通话语汇为主的中型词典,注音准确,释义精当,查检方便,有较高实用价值。2016年修订出版第7版,收各类单字13000多个、条目69000余条。

3.《现代汉语规范词典》

《现代汉语规范词典》以促进语言文字规范化为主要目的,按照现行语言文字规范标准确定字形、读音、词形等，根据词义发展脉络排列义项，根据义项的语法功能标注词性，用"提示"指出字、词使用中易混、易错的现象。2014 年修订出版第 3 版，收单字 12000 余个，词目 72000 余条及 8 万余条例证，设立 5500 多条"提示"，重点指出字形、字音、字义及用法上的易混、易错之处，更有 800 多组辨析展示常见近义词、多音字的细微差别。

4.《辞源》

旧版《辞源》于 1915 年出版，是一部以语词为主、兼及百科的综合性新型辞书，是中国现代史上第一部大型汉语语文工具书。新编的《辞源》是以专收历史词语为主的大型辞书，收词止于 1840 年。全书共四册，对学习、研究古籍有很高的参考价值。2015 年出版第 3 版，收字 14210 个，复词 92646 个，插图 1000 余幅，约 1200 万字。

5.《辞海》

《辞海》是以字带词，兼有字典、语文词典和百科词典功能的大型综合性辞典。2009 年出版的第 6 版，总字数约 2300 万字，总条目近 12.7 万条，新增词目 12300 余条，是一部能满足多方需求的百科词典。第 7 版于 2019 年 10 月出版。

6.《中国成语大辞典》

《中国成语大辞典》收古今汉语成语 18000 余条，提供了成语的结构形式、语义内容、渊源用例等信息，资料丰富，是一部学习了解成语的工具书。

7.《商务馆学汉语词典》

《商务馆学汉语词典》是中国第一部专门为具有中级汉语水平的外国人编写的完全用汉语解释的词典。以《汉语水平词汇与汉字等级大纲》中的甲、乙两级字、词为基础，收字 2400 多个，约 10000 个词，旨在帮助外国人扩大词汇量、认读汉字。

二、检字法

字典、词典条目的次序,可以按照部首、音序、笔画或四角号码①等方法编排。要想熟练使用这些工具书,必须了解字典、词典编排的顺序,掌握查检字词的方法。

检字法是排列和查检字词的方法。除了字典、词典以外,检字法还用于图书的目录、资料索引等。通行的汉字检字法有部首检字法、音序检字法、笔画检字法、四角号码检字法等。其中,前两种检字方法最常用。

(一) 部首检字法

部首检字法是利用汉字的部首来查找汉字。多在知道字形,不知道读音和释义时使用。

1. 部首检字法查字的步骤

第一步:找出所查字的部首,数清部首的笔画数。

第二步:在"部首检字表"的"部首目录"中,按照笔画数找到这个部首,看清部首旁边标明的页码。

第三步:根据这个页码找到"检字表"中相应的那一项,并从这一页中找出要查的部首。

第四步:数清该字除去部首的笔画数,按这一部中笔画排列顺序找到所要查的字。

2. 怎样确定字的部首

用部首检字法查找汉字,首先要明确字的部首是什么。

(1) 以形旁为部首。形声字的形旁是部首。如"村"属"木"部,"说"

---

① 四角号码检字法是根据汉字所含的单笔或复笔对汉字编号,取汉字左上角、右上角、左下角、右下角四个角的单笔或复笔的笔形,确定出四码。一个汉字用四个数字表示。

属"言"部,"钱"属"金"部,"笔"属"竹"部,"念"属"心"部。

(2) 以自身为部首。有些字自身就是部首,如"韦""麻""香""高"等。严格地说,这些字只能通过自身部首、而不是自身结构的某一部分检索到,如"麻"不能查"广"部,"香"不能查"禾"部。但是,为方便读者查验,新版的《新华字典》《现代汉语词典》采用"多开门"的方式,将这些字分别收在所属规定部首和传统习用部首之下,换句话说,"韦""麻""香""高"既可以在自身部首中检索到,也可在"一"部、"广"部、"禾"部、"亠"部中查到。

(3) 以特殊结构为部首。有些字没有独立的部首,但字中的几个笔画组成一个特殊结构,这个特殊结构是该字的部首。如"乘"属"禾"部,"叉"属"又"部,"能"属"厶"部,"夹"属"大"部,"威"属"戈"部。

(4) 以第一笔为部首。分不清部首的字,可以按第一笔的笔形为部首。如"丰"属"一"部,"电"属"丨"部,"册"属"丿"部,"之"属"丶"部,"乃"属"𠃌"部。

(二) 音序检字法

音序检字法就是按照汉语拼音字母的顺序来查检汉字的方法。多在知道字的读音,不知道字形与释义的情况下使用此种方法。

汉语拼音字母有 26 个,其中 v 只用来拼写方言、少数民族语言和外来词;i、u、ü 三个单元音作音节第一个字母时,《汉语拼音方案》规定分别用 y 和 w 代替,或把 y、w 加在音节的前边。因此,实际充当音节第一个字母的只有 23 个,按音序编排的字典就是根据下面这 23 个字母的顺序排列汉字的。

A B C D F F G H J K L M N O P Q R S T W X Y Z

音序检字法的查字步骤如下:

(1) 确定所查字读音的第一个字母,并在字典或词典的《汉语拼音音节索引》中找到这个字母。例如:"满"的读音是 mǎn,第一个字母为 m。

(2) 第一个字母相同,则按第二个字母的音序排列,第一、二两个字母都相同,则按第三个字母的音序排列。如:"mai"(买)、"man"(满)的前两个字母相同，根据第三个字母的音序排列，"mai"在"man"前。根据这样的顺序，找到要查找的那个音节在正文中的页码，再根据标明的页码，在正文中查到所要查的那个字。

（3）如果同一音节的字太多，字典一般依阴平、阳平、上声、去声、轻声的顺序排列。如 man 音节有四个声调 mān、mán、mǎn、màn，查找"满"字，就得在上声音节 mǎn 所对应的正文页码中查找。

对于母语是印欧语言的学习者而言，由于非常熟悉字母表的顺序，如果已经知道所查字的准确读音，可以按字母顺序和四声顺序直接在正文中翻检所要查的字。

三、字词的释义

解释字义、词义是字典、词典的重要内容。词典常见的释义方法有以下几种。

（一）分解法

这种方法是先分析词的构成成分的意义，再综合讲解，即在解释语素意义的基础上概括词义。

观赏：观看欣赏。
降温：降低温度。
口述：口头叙述。
美食：精美的饮食。
误判：错误地判断或判决。
羞怯：羞涩胆怯。

（二）以词解词法

（1）利用同义词进行解释。

经常：常常；时常。

静谧：安静。

考卷：试卷。

苦痛：痛苦。

起誓：发誓。

停息：停止。

使用这种释义方法要注意，用来解释的词应该比被解释的词简单，不能以难释易。用"安静"来解释相对较难的"静谧"是比较合适的，但如果反过来，用"静谧"解释"安静"，就达不到清楚、明了的效果。另外，汉语中意义完全相同的词是很少的，绝大多数同义词都各有不同的特点，必要时应该加以说明。

境况：状况（多指经济方面的）。

拷打：打（指用刑）。

绵软：柔软（多用于毛发、衣被、纸张等）。

喷吐：喷出（光、火、气等）。

通畅：（思路、文字）流畅。

通达：明白（人情事理）。

（2）利用否定形式或反义词进行解释。

低迷：不景气；不振作。

冷淡：不热闹；不兴盛。

模糊：不分明；不清楚。

难看：丑陋；不好看。

浅露：（措辞）不委婉；不含蓄。

软弱：不坚强。

这种方法虽然简便，但只适用于绝对反义词，用于相对反义词便须另加说明，因为还有中间状态存在。

(三)定义法

逻辑学的定义方式是:被定义项＝种差＋邻近的属。即下定义时,要说明被定义项的概念所属类别,以及它与同类其他概念之间的差别。字典、词典采用逻辑学的定义形式给字词释义,实际上就是利用上下位词的关系来解释意义。如:

书评:评论或介绍书刊的文章。

"书评"属于文章的一种,与其他文章的区别在于内容是"评论或介绍书刊"。该释义利用了上位词"文章"来对"书评"加以解释。类似的例子如下。

仓库:储藏大批粮食或其他物资的建筑物。

吊灯:悬空垂挂的灯。

复利:计算利息的一种方法,把前期的利息和本金加在一起算作本金,逐期滚动计算利息。

寒蝉:蝉的一种,身体小,黑色,有黄绿色的斑点,翅膀透明。雄的有发音器,夏末秋初时在树上叫。

金笔:笔头用黄金的合金,笔尖用铱的合金制成的高级自来水笔。

聘书:聘请某人承担工作或担任职务的文书。

(四)描绘法

对一些表示动作行为或性状的词,可以通过用具体话语描述它们样子的方式来解释。

观望:怀着犹豫的心情观看事物的发展变化。

吹风:洗发后,用吹风机把头发吹干或使有一定形状。

摩擦:物体和物体紧密接触,来回移动。

也可用"形容……""……的样子"等词语来描绘。

道貌岸然:形容神态庄严(现多含讥讽意)。

茫然：完全不知道的样子。

袅袅婷婷：形容女子走路体态轻盈柔美。

（五）指明比喻义

有些词语常用的意义是其比喻义，词典就使用"比喻……"的形式直接解释其比喻义。

割肉：比喻赔钱卖出（多用于证券交易）。

浪潮：比喻大规模的社会运动或声势浩大的群众性行动。

烂摊子：比喻不易收拾的局面或混乱难于整顿的单位。

老狐狸：比喻非常狡猾的人。

虎口拔牙：比喻做十分危险的事。

另起炉灶：比喻重新做起。

（六）指示法

指示法就是释义时，通过图片等手段直接指出所要解释的事物。这种方法有直观、形象的优点。例如，对于某些历史词或科学术语，《现代汉语词典》多采用定义法辅以指示法对其加以解释。

豆：古代盛食物用的器具，有点儿像带高脚的盘，有些带盖儿（见图 4-2）。

图 4-2 《现代汉语词典》（第 7 版）"豆"配图

玦：古时佩戴的玉器，环形，有缺口（见图4-3）。

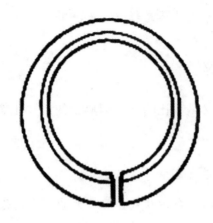

图4-3 《现代汉语词典》（第7版）"玦"配图

菱形：邻边相等的平行四边形（见图4-4）。

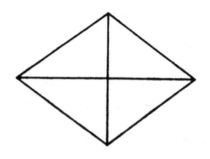

图4-4 《现代汉语词典》（第7版）"菱形"配图

  解释词语是一项复杂细致的工作，为了准确、清楚地解释词语，释义必须遵循科学、准确、简明三项原则。"科学"是指要客观反映词语所指称的实际内容，不能违反客观实际；"准确"是指要正确解释词语内涵，不能以偏概全、以点概面，要没有误差、清楚说明词语的区别特征；"简明"是指解释的语言要清楚、简洁、明了、易懂，以实现辞书有效帮助读者学习、查阅的目的。

【复习与练习（十六）】

附录

复习与练习参考答案

扫一扫获取

参考文献

[1] 北京大学中文系现代汉语教研室. 现代汉语［M］. 北京：商务印书馆，1993.

[2] 曾立英. 汉语作为第二语言的词汇教学［M］. 北京：中央民族大学出版社，2010.

[3] 丁崇明，荣晶. 现代汉语语音教程［M］. 北京：北京大学出版社，2012.

[4] 符淮青. 现代汉语词汇（增订本）［M］. 北京：北京大学出版社，2004.

[5] 符淮青. 词义的分析和描写［M］. 北京：外语教学与研究出版社，2006.

[6] 高家莺，范可育，费锦昌. 现代汉字学［M］. 北京：高等教育出版社，1993.

[7] 葛本仪. 现代汉语词汇学［M］. 3版. 北京：商务印书馆，2014.

[8] 黄伯荣，李炜. 现代汉语 上册［M］. 2版. 北京：北京大学出版社，2016.

[9] 黄伯荣，廖旭东. 现代汉语（增订六版）上册［M］. 北京：高等教育出版社，2017.

[10] 李禄兴. 现代汉字理论与应用研究［M］. 北京：中国书籍出版社，2017.

[11] 林焘，王理嘉. 语音学教程（增订版）［M］. 北京：北京大学出版社，2013.

[12] 刘焱，汪如东，周红. 现代汉语概论（留学生版）［M］. 上海：上海教育出版社，2009.

[13] 卢惠惠. 现代汉语词汇学 [M]. 上海：学林出版社，2011.

[14] 毛悦. 汉语作为第二语言教学——汉语要素教学 [M]. 北京：外语教学与研究出版社，2015.

[15] 亓海峰. 汉语语音与语音教学 [M]. 北京：华语教学出版社，2017.

[16] 齐沪扬. 现代汉语 [M]. 上海：华东师范大学出版社，2014.

[17] 苏培成. 现代汉字学纲要 [M]. 北京：商务印书馆，2014.

[18] 万艺玲. 汉语词汇教学 [M]. 北京：北京语言大学出版社，2010.

[19] 王若江. 汉语正音教程 [M]. 北京：北京大学出版社，2005.

[20] 温宝莹，邓丹，石锋. 汉语语音习得研究 [M]. 天津：南开大学出版社，2016.

[21] 姚晓波. 中介语与对外汉语与教学 [M]. 上海：学林出版社，2009.

[22] 杨润陆. 现代汉字学 [M]. 2版. 北京：北京师范大学出版社，2017.

[23] 叶蜚声，徐通锵. 语言学纲要 [M]. 北京：北京大学出版社，1997.

[24] 詹鄞鑫. 汉字说略 [M]. 沈阳：辽宁教育出版社，1991.

[25] 张和生. 汉语可以这样教——语言要素篇 [M]. 北京：商务印书馆，2006.

[26] 张静贤. 现代汉字教程 [M]. 北京：现代出版社，1992.

[27] 周有光. 现代汉字学发凡 [J]. 语文现代化，1980（2）.

与本书配套的二维码资源使用说明

　　本书复习与练习参考答案以二维码链接的形式呈现。利用手机微信扫码成功后提示微信登录，授权后进入注册页面，填写注册信息。按照提示输入手机号码，点击获取手机验证码，稍等片刻收到 4 位数的验证码短信，在提示位置输入验证码，再设置密码，选择相应专业，点击"立即注册"，注册成功。（若手机已经注册，则在"注册"页面底部选择"已有账号？立即注册"，进入"账号绑定"页面，直接输入手机号和密码登录。）接着提示输入学习码，需刮开教材封面防伪涂层，输入 13 位学习码（正版图书拥有的一次性使用学习码），输入正确后提示绑定成功，即可查看二维码数字资源。手机第一次登录查看资源成功以后，再次使用二维码资源时，只需在微信端扫码即可登录进入查看。